칼슘영어

Erich Jacoby-Hawkins 감수
북스코어 기획

영어, 다시 시작하고 싶다면 단어부터 공부하자!
단어가 자연스럽게 회화로 연결되는 독특한 구성!
자투리 시간을 최대한 활용하도록 한 과에 20개, 총 1500개 단어 수록!
여행, 출장에 주제별 단어 사전, 꼭 필요한 회화 사전으로 활용 가능!

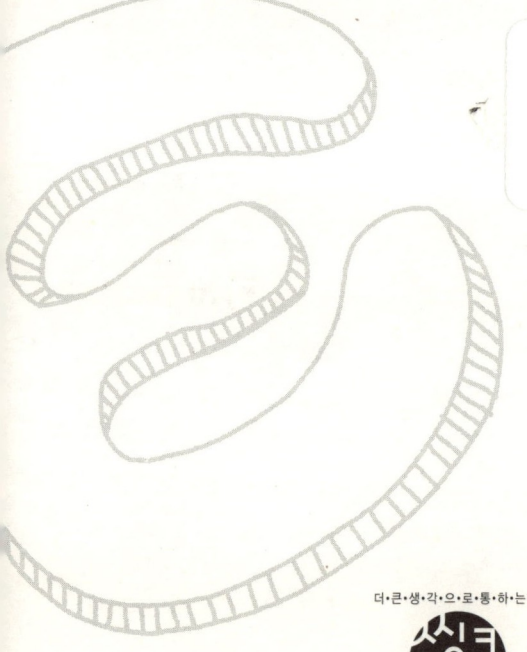

더·큰·생·각·으·로·통·하·는·길

감수 Erich Jacoby-Hawkins

캐나다 온타리오에 있는 워터루 대학을 졸업하고 다년간 영어가 모국어가 아닌 영어 학습자를 위한 영어 교재 개발과 출판 관련 일을 해오고 있습니다.

단어로 회화의 뼈대를 튼튼하게 하는

칼슘영어

초판 1쇄 인쇄 | 2009년 11월 16일
초판 1쇄 발행 | 2009년 11월 25일

발행인 | 정경미
발행처 | 도서출판 씽크스마트
주소 | 서울시 마포구 서교동 377-26 비전코리아 2층
전화 | 02) 323-5609 / 070) 8836-8837
팩스 | 02) 337-5608
홈페이지 | thinksmart.co.kr
마케팅 | 김태영 kty0651@hanmail.net
기획 및 개발 | 북스코어
표지디자인 | 김회량
디자인 및 편집 | 예다움
제작 | 최영민

잘못된 책은 구입한 서점에서 바꿔드립니다.
이 책에 실린 모든 내용, 디자인, 이미지, 편집 구성의 저작권은 도서출판 씽크스마트에 있습니다.
허락 없이 복제하거나 다른 매체에 옮겨 실을 수 없습니다.

ISBN | 978-89-85933-81-0 13740
정가 | 9,800원

북스코어 www.bookscore.co.kr

TEL (02) 332-5092 | FAX (02) 332-5093 | e-mail bkc87@hanmail.net
북스코어는 동서양의 언어와 문화를 조사 연구하여 관련 콘텐츠를 집필, 기획, 개발하는 출판 기획 집단입니다. 영어, 일본어, 중국어 등의 외국어 교육 콘텐츠 개발이 전문분야로 국제적 감각과 유연한 사고, 종횡무진한 기동력을 무기로 국내외 교육 전문가와 함께 한국인 독자에 맞는 콘텐츠를 개발하는 데 주력하고 있습니다. 북스코어에서 기획 개발한 책으로는 《마루짱과 함께 일본어 첫걸음 풍내기》, 《키드키드 중국어 시작하기》, 《키드키드 중국어 완성하기》, 《단어로 회화의 뼈대를 튼튼하게 하는 칼슘중국어》, 《단어로 회화의 뼈대를 튼튼하게 하는 칼슘일본어》가 있습니다.

머리말

영어라는 골치 아픈 문제를 놓고 한두 번 고민하지 않은 분은 없을 겁니다. 의식적이건 무의식적이건 우리 앞에는 영어라는 벽이 있는데 이 벽을 과연 어떻게 뛰어넘을까, 우리는 어릴 때부터 고민해 왔습니다.

언어는 습관입니다.
우리는 어휘나 문법에 어떤 특별한 주의를 기울이지 않고 자유롭게 우리의 생각과 사상을 영어로 표현할 수 있어야 합니다. 이 자유를 얻기 위해 반복이란 노력이 필요합니다. 이런 이유에서 가장 초보적이면서도 활용도가 높고 누구나 한 번쯤 배웠던 단어를 상황별로 분류하여 언제 어떤 장소에서도 자유롭게 사용할 수 있도록 정리했습니다.

단어의 힘은 셉니다.
이 책을 늘 가까이 두고 한 단어 한 단어 내 것으로 만들어 보세요. 영어의 벽을 뛰어넘는 조그마한 도구가 되기를 바라며 정성껏 만들었습니다. 모쪼록 학습자 여러분의 영어 공부에 도움이 되기를 기대합니다.

이 책의 활용법

단어만 알아도 영어가 된다!

❶ 영어, 다시 시작하고 싶은데 어떤 방법으로 해야 할지 모른다?
그렇다면 단어부터 시작해 보세요. "문법을 모르는데 어떻게… 발음을 잘 모르는데 어떻게…" 고민하지 말고 가벼운 마음으로 단어 공부를 하세요. 평소에 말하고 싶고 관심이 많은 주제의 단어부터 시작해서 한 단어, 한 단어 익히다 보면 영어가 어렵지 않게 느껴집니다.

❷ 단어가 자연스럽게 회화로 연결되도록 한 독특한 구성!
"단어만 알면 뭐해? 회화도 못하는데…" 이렇게 생각하시는 분들도 걱정 마세요. 이 책은 단어 학습으로 끝나는 것이 아니라 회화 연습으로까지 이어지게 구성한 것이 특징입니다. 빨간책받침을 이용해 중요 단어를 넣어 가며 회화 연습을 할 수 있습니다. 외국어는 머리로만 학습하면 절대 늘지 않습니다. 단어를 바꿔 넣어 가며 소리 내서 읽고 기회를 만들어 꼭 말로 표현해 보세요.

❸ 빨리, 쉽게 공부하도록 한 장에 20개, 총 1500개 단어 수록!
너무 많은 단어로 질리지 않으면서도 꼭 필요한 단어들을 공부하도록 각 장마다 20개의 단어를 실어놓았습니다. 버스나 전철 안에서, 잠깐 쉬는 시간에, 짬짬이 시간을 내어 매일 조금씩 공부해 보세요. 어느새 영어책 한 권을 다 떼게 됩니다.

❹ 주제별 단어 사전, 꼭 필요한 회화 사전, 한영사전으로 활용해 보자!
단어를 주제별로 찾아도 되고, 뒤의 색인을 이용해 한영사전처럼 한글로 먼저 찾아도 되고, 내가 말하고 싶은 회화도 주제별로 찾아 바로바로 써먹을 수 있어 참 편리합니다. 늘 갖고 다니면서 틈틈이 꺼내서 학습하고 출장, 여행에도 챙겨가서 갈고 닦은 실력을 확인해 보세요.

영어는 어려운 언어가 아닙니다. 단어만 외워서 문장 순서대로 나열하면 말이 되는 언어가 바로 영어입니다. 자, 이제 영어를 시작해 볼까요!

이 책의 구성

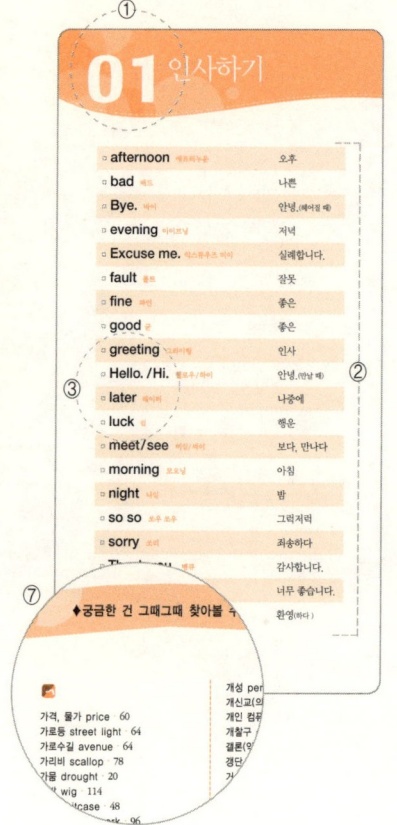

① 제목 – 이 장에 나오는 단어들의 주제를 나타냅니다.
② 단어 – 각 장마다 자주 쓰이고 활용도가 높은 단어를 20개씩 실었습니다.
③ 발음 – 초보자를 위해 발음을 한글로 달았습니다.
④ Conversations – 이 장의 주제와 관련돼 다양한 상황에서 쓸 수 있는 대화를 실었습니다.
⑤ Words – Conversations의 단어 중 꼭 알아두어야 할 새 단어들입니다.
⑥ Tip – 영어 문법뿐 아니라 네이티브의 어감과 상식까지 다루어 재미있게 읽으며 영어의 감을 기르도록 했습니다.
⑦ 한글 단어 색인 – 궁금한 건 그때그때 찾아볼 수 있는 한글 단어 색인을 실었습니다.

차례

머리말
이 책의 활용법
이 책의 구성

1장 꼭 알아두어야 할 기초 단어

01	인사하기	12
02	가족	14
03	시간과 때	16
04	날씨와 온도[1]	18
05	날씨와 온도[2]	20
06	모양과 형태	22
07	단위	24
08	감정 표현[1]	26
09	감정 표현[2]	28
10	감정 표현[3]	30
11	상태[1]	32
12	상태[2]	34
13	색깔	36
14	신체와 반응	38
15	신체 조직	40
16	사람의 일생[1]	42
17	사람의 일생[2]	44

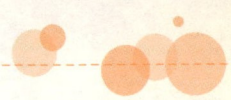

2장 바로 통하는 여행 단어

18	여행 준비하기[1]	48
19	여행 준비하기[2]	50
20	공항에서	52
21	기내에서	54
22	숙박[1]	56
23	숙박[2]	58
24	쇼핑하기	60
25	교통	62
26	도로에서	64
27	열차와 선박	66
28	식당에서[1]	68
29	식당에서[2]	70
30	술집에서	72
31	요리[1]	74
32	요리[2]	76
33	요리 재료	78
34	향신료와 맛	80
35	음식과 과일	82

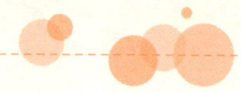# 3장 자주 쓰는 일상 단어

36	일상생활	86
37	식사하기	88
38	전화하기	90
39	인간관계	92
40	성격	94
41	집안일	96
42	가전제품	98
43	집의 내부	100
44	체형	102
45	패션	104
46	모양내기	106
47	학교생활	108
48	우체국에서	110
49	은행에서	112
50	미용실에서	114
51	병원에서	116
52	약국에서	118
53	질병과 증상	120
54	인체의 구조	122
55	취미와 오락	124

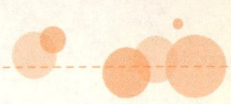

4장 알아두면 도움이 되는 단어

56	비즈니스¹	128
57	비즈니스²	130
58	직장 생활¹	132
59	직장 생활²	134
60	회의¹	136
61	회의²	138
62	직업¹	140
63	직업²	142
64	거래 관계	144
65	운동 시합	146
66	종교	148
67	매스미디어	150
68	예술	152
69	첨단 과학	154
70	역사	156
71	범죄	158
72	국제 사회	160
73	정치¹	162
74	정치²	164
75	지리	166

◆ 궁금한 건 그때그때 찾아볼 수 있는 한글 단어 색인　168

1장

꼭 알아두어야 할 기초 단어

01 인사하기
02 가족
03 시간과 때
04 날씨와 온도 1
05 날씨와 온도 2
06 모양과 형태
07 단위
08 감정 표현 1
09 감정 표현 2
10 감정 표현 3
11 상태 1
12 상태 2
13 색깔
14 신체와 반응
15 신체 조직
16 사람의 일생 1
17 사람의 일생 2

01 인사하기

□ **afternoon** 애프터누운		오후
□ **bad** 배드		나쁜
□ **Bye.** 바이		안녕.(헤어질 때)
□ **evening** 이이브닝		저녁
□ **Excuse me.** 익스큐우즈 미이		실례합니다.
□ **fault** 폴트		잘못
□ **fine** 파인		좋은
□ **good** 굳		좋은
□ **greeting** 그리이팅		인사
□ **Hello. /Hi.** 헬로우/하이		안녕.(만날 때)
□ **later** 레이터		나중에
□ **luck** 럭		행운
□ **meet/see** 미잍/씨이		보다, 만나다
□ **morning** 모오닝		아침
□ **night** 나잍		밤
□ **so so** 쏘우 쏘우		그럭저럭
□ **sorry** 쏘리		죄송하다
□ **Thank you.** 땡큐		감사합니다.
□ **Very well.** 베리 웰		너무 좋습니다.
□ **welcome** 웰컴		환영(하다)

Conversations

🔸 _{헬로우} Hello. _{하우 두 유 두} How do you do?

🔹 _{하우 두 유 두} How do you do?

🔸 _{하우즈 에브리띵} How's everything?

🔹 _{낫 투 배드} Not too bad.

🔸 _{나이스 미이팅 유 아이 오운리 뉴우 유} Nice meeting you. I only knew you _{바이 네임} by name.

🔹 _{나이스 미이팅 유 투우} Nice meeting you, too.

🔸 안녕하세요. 처음 뵙겠습니다.
🔹 처음 뵙겠습니다.

🔸 요즘 어떠십니까?
🔹 잘 지냅니다.

🔸 만나서 반갑습니다. 이름은 듣고 있었습니다.
🔹 저도 만나서 반갑습니다.

Words

everything 모든 것

Tip

How are you?라고 물어보면 중·고등학교 교육을 잘 받으신 분들은 바로 Fine, thank you. And you?라고 답하시죠. 내 몸 상태와는 상관없이 말이에요. 다양한 대답을 할 수 있어요. 몇 가지만 알아볼게요.
Not too bad. 나쁘지 않아. | So so. 그럭저럭 지내. | Very well. 너무 좋아. | Same always. 항상 똑같죠. | Not good. 별로 좋지 않아요. | Great. 잘 지내요.

02 가족

- **aunt** 앤트 — 고모, 이모, 숙모
- **blood relation** 블러드 릴레이션 — 혈족, 육친
- **cousin** 커즌 — 사촌
- **daughter-in-law** 도오터 인 로오 — 며느리
- **family** 패멀리 — 가족
- **father-in-law** 파아더 인 로오 — 장인, 시아버지
- **granddaughter** 그랜드도오터 — 손녀
- **grandfather** 그랜드파아더 — 할아버지
- **grandmother** 그랜드머더 — 할머니
- **grandparents** 그랜드패어런츠 — 조부모
- **grandson** 그랜드썬 — 손자
- **husband** 허즈번드 — 남편
- **mother-in-law** 머더 인 로오 — 장모, 시어머니
- **nephew** 네푸우 — 조카
- **niece** 니이스 — 질녀, 조카딸
- **relative** 렐러티브 — 친척
- **stepmother** 스텝머더 — 의붓어머니
- **son-in-law** 썬 인 로오 — 사위
- **uncle** 엉클 — 삼촌, 작은아버지
- **wife** 와이프 — 아내

Conversations

ⓐ **Tommy doesn't like vegetables.**
　토미　　더즌트　라잌　베저터블즈

ⓑ **Like father, like son.**
　라잌　파더　라잌　썬

ⓒ **Do you have any brothers or sisters?**
　두 유　해브　애니　브러더즈　오어
　씨스터즈

ⓓ **No, I'm an only child.**
　노우 아임 언 오운리 촤일드

ⓔ **Is she your relative?**
　이즈 쉬 유어 렐러티브

ⓕ **Yes, she is my cousin.**
　예스 쉬 이즈 마이 커즌

ⓐ 토미는 야채를 안 좋아해요.
ⓑ 부전자전이네요.

ⓒ 형제나 자매가 있나요?
ⓓ 아뇨, 전 형제가 없어요.

ⓔ 저 여자 네 친척이니?
ⓕ 응, 내 사촌이야.

vegetable 야채

법으로 이어진 사이인 시부모, 며느리, 사위, 사누이 등등은 in-law를 써서 말할 수 있어요. mother-in-law, father-in-law 처럼요. 그럼 형제 중의 장남은 뭐라고 할까요? the eldest son 또는 the oldest son을 써요. 막내는 뭐라고 할까요? the youngest son으로 쓰면 된답니다.

03 시간과 때

- **a.m.**(ante meridiem) 에이엠 — 오전
- **at dawn** 앹 도온 — 새벽녘에
- **at dusk** 앹 더스크 — 해질 무렵에
- **at midnight** 앹 미드나잍 — 한밤중에
- **at night** 앹 나잍 — 밤에
- **at noon** 앹 누운 — 정오에
- **at sunrise** 앹 썬라이즈 — 해뜰 무렵에
- **at sunset** 앹 썬셑 — 해질녘에
- **at the moment** 앹 더 모우먼트 — 현재, 지금
- **in autumn/in fall** 인 어텀/인 포올 — 가을에
- **in spring** 인 스프링 — 봄에
- **in summer** 인 써머 — 여름에
- **in winter** 인 윈터 — 겨울에
- **in the afternoon** 인 디 애프터누운 — 오후에
- **in the evening** 인 디 이이브닝 — 저녁에
- **in the morning** 인 더 모오닝 — 아침에
- **next month** 넥스트 먼쓰 — 다음 달에
- **now and then** 나우 앤드 덴 — 때때로
- **p.m.**(post meridiem) 피엠 — 오후
- **this weekend** 디스 위이켄드 — 이번 주말에

Conversations

🔸 Let's take a walk, shall we?
렛츠 테잌 어 워엌 쉘 위

🔸 I take a walk around sunset.
아이 테잌 어 워엌 어라운드 썬셋

🔸 What are you going to do from now on?
왙 아 유 고우잉 투 두 프럼 나우 온

🔸 I'm going to stay here for the moment.
아임 고우잉 투 스테이 히어 퍼 더 모우먼트

🔸 Has anybody seen Teresa?
해즈 애니바디 씨인 트레사

🔸 I saw her in the mall just the other day.
아이 쏘오 허 인 더 모올 져스트 디 어더 데이

🔸 산책 안 할래?
🔸 나는 해질 무렵에 산책을 해.

🔸 이제부터 뭐할 거야?
🔸 나는 우선 여기에 머물 작정이야.

🔸 테레사 본 사람 있어?
🔸 며칠 전에 상점가에서 봤어.

take a walk 산책하다 | **for the moment** 우선, 당장은 | **the other day** 며칠 전

meridiem은 정오를 뜻하는 라틴어예요. 영어의 **noon**과 같답니다. '~ 후에'라는 접두어 **post**와 같이 쓰이면 **p.m.**으로 오후가 되고, '~ 전에'라는 접두어 **ante**와 같이 쓰이면 **a.m.**으로 오전이 되지요.

04 날씨와 온도[1]

- **breeze** 브리이즈 — 미풍
- **climate/weather** 클라이밑/웨더 — 기후
- **downpour** 다운포어 — 호우, 폭우
- **fair** 페어 — 맑은, 맑게 갠
- **fog** 퍼그 — 안개
- **forecast** 포어캐스트 — (날씨를) 예보하다
- **hail** 헤일 — 우박, 싸락눈
- **humidity** 휴미디티 — 습도
- **lightning** 라이트닝 — 번개
- **partly cloudy** 파아틀리 클라우디 — 부분적으로 흐린
- **passing shower** 패싱 샤우어 — 지나가는 소나기
- **precipitation** 프리시퍼테이션 — 강수량
- **pressure** 프레셔 — 기압
- **rainbow** 레인보우 — 무지개
- **rainy** 레이니 — 비의, 비가 오는
- **storm** 스토엄 — 폭풍
- **temperature** 템퍼러춰 — 기온
- **thermometer** 써마머터 — 온도계
- **thunder** 썬더 — 천둥
- **windy** 윈디 — 바람 부는

Conversations

- What's the weather like today?
- It's chilly.

- What's the weather usually like in London?
- London is famous for its fog.

- It is hailing now.
- The weather is so unpredictable.

- 오늘 날씨가 어때요?
- 쌀쌀해요.

- 런던 날씨는 보통 어때요?
- 런던은 안개로 유명해요.

- 지금 우박이 내려요.
- 날씨가 너무 변덕이에요.

chilly 쌀쌀한 | **be famous for** ~로 유명하다 | **unpredictable** 예측할 수 없는

날씨는 How is the weather? 혹은 What is the weather like?이라고 물어봅니다. 혹은 How is outside?나 How is the climate?이라고도 물어볼 수 있어요. 우리나라는 사계절이 있어서 다양한 날씨를 볼 수 있죠. 여러분은 어떤 날씨를 제일 좋아하나요?

05 날씨와 온도²

□ **be frozen**	비 프로우즌	언
□ **below zero**	빌로우 지로우	영하
□ **blizzard**	블리져드	눈보라
□ **Celsius**	셀시우스	섭씨, 섭씨의
□ **centigrade**	센터그레이드	섭씨, 섭씨의
□ **changeable**	체인져블	변하기 쉬운
□ **chilly**	췰리	차가운, 으스스한
□ **cool**	쿠울	서늘한
□ **drought**	드라웉	가뭄
□ **dry weather**	드라이 웨더	건조한 날씨
□ **Fahrenheit**	패런하이트	화씨, 화씨의
□ **flood**	플러드	홍수
□ **frost**	프로스트	서리
□ **humid**	휴미드	습도가 높은
□ **leaves turn red**	리이브즈 터언 레드	단풍 들다
□ **quite mild**	콰일 마일드	매우 온화한
□ **scorching hot**	스콜칭 핱	태울 듯이 뜨거운
□ **shiver**	쉬버	떨다
□ **sultry**	썰트리	숨막히게 무더운
□ **typhoon**	타이푸운	태풍

Conversations

- What's the weather forecast for this weekend?
- A typhoon is coming towards Japan.
- The temperature is very high.
- I can't stand the heat.
- The temperature dropped to 5 degrees below 0.
- Be aware of the cold snap.

- 이번 주말 일기 예보는 어때?
- 태풍이 일본 쪽으로 접근하고 있대.
- 온도가 매우 높네요.
- 나는 더위를 못 참겠어요.
- 기온이 영하 5도로 내려갔어요.
- 한파 조심하세요.

stand 참다, 견디다 | **heat** 열 | **drop** 떨어지다 | **be aware of** ~을 알다, 조심하다 | **cold snap** 갑작스런 한파

인디언 서머란 북아메리카에서 늦가을에 비정상적으로 봄날 같은 화창하고 따뜻한 날이 계속되는 기간을 말해요. 영국에서는 성 마르틴의 여름(St. Martin's summer) 또는 성 루크의 여름(St. Luke's summer)이라고도 부른답니다.

06 모양과 형태

- **apex** 에이펙스 — 정점, 꼭대기
- **circle** 서어클 — 원형
- **crooked** 크룩키드 — 구부러진
- **diagonal** 다이애거널 — 대각선(의)
- **dull** 덜 — 무딘
- **even/flat** 이븐/플랫 — 평평한
- **loose** 루우스 — 느슨한
- **oval** 오우벌 — 타원형(의)
- **parallel line** 패럴렐 라인 — 평행선
- **rectangle** 렉탱글 — 직사각형
- **round** 라운드 — 둥근
- **shape** 쉐잎 — 모양, 생김새
- **sharp** 샤앞 — 날카로운
- **spiral** 스파이럴 — 나선형(의)
- **square** 스퀘어 — 정사각형(의)
- **thick** 띡 — 두꺼운
- **thin** 씬 — 얇은
- **tight** 타잍 — 빡빡한
- **triangle** 트라이앵글 — 삼각형
- **warped** 워프트 — 뒤틀린

Conversations

- Which one is Jon's package?
- It's that one. He loosely wrapped the package up with brown paper.

- Why is Mat crying?
- He cut himself on the sharp glass.

- 존의 소포가 어떤 거야?
- 저거야. 갈색 종이로 그 소포를 느슨하게 쌌거든.

- 매트가 왜 울고 있어요?
- 날카로운 유리에 베었어요.

package 소포 | **wrap** 싸다

도형에 대해 조금 더 자세히 알아볼까요? 원은 circle, 삼각형은 triangle, 정사각형은 square, 사각형은 tetragon이라고 해요. 여기서 ~gon은 ~각형(角形)이라는 뜻으로 오각형은 pentagon, 육각형은 hexagon, 칠각형은 heptagon, 팔각형은 octagon, 구각형은 nonagon, 십각형은 decagon 등으로 쓰입니다.

07 단위

- **a half** 어 해프 — 2분의 1
- **a quarter** 어 쿼터 — 4분의 1
- **a third** 어 써드 — 3분의 1
- **acre** 에이커 — 에이커(약 4047㎡)
- **centimeter** 센티미터 — 센티미터
- **deciliter** 데씰리터 — 데시리터(0.1ℓ)
- **foot/feet**(복수) 풋/피잍 — 피트(약 30.5cm)
- **gallon** 갤런 — 갤론(약 3.78ℓ)
- **hectare** 헥타 — 헥타르(10,000㎡)
- **inch** 인치 — 인치(약 2.54cm)
- **kilogram** 킬로그램 — 킬로그램
- **liter** 리터 — 리터(1000cc)
- **meter** 미터 — 미터
- **mile** 마일 — 마일(약 1.609km)
- **ounce** 아운스 — 온스(약 28.35g)
- **pint** 파인트 — 파인트(약 0.47ℓ)
- **pound** 파운드 — 파운드(약 453.5g)
- **two thirds** 투 써즈 — 3분의 2
- **unit** 유닡 — 단위
- **yard** 야드 — 야드(약 91.4cm)

Conversations

- What size is it?
  (왓 싸이즈 이즈 잇)
- It's 30 x 20 cm.
  (잇츠 써티 타임즈 트웬티 센티미터즈)

- Is he rich?
  (이즈 히 리치)
- He owns ten acres.
  (히 오운즈 텐 에이커즈)

- How many deciliters are in 1 liter?
  (하우 매니 데씨리터즈 아 인 원 리터)
- 1 liter is 10 deciliters.
  (원 리터 이즈 텐 데씨리터즈)

- 그것의 크기가 어떻게 됩니까?
- 30×20cm입니다.

- 그 사람 부자야?
- 그는 10에이커의 땅을 소유하고 있어.

- 1리터는 몇 데시리터지?
- 1리터는 10데시리터야.

size 크기, 치수 | **own** 소유하다

단위를 물어보는 질문에 대해 알아볼까요? 크기는 **What size ~?** 또는 **How large ~?**, 무게는 **How heavy ~?**, 수량은 **How many(much) ~?**, 높이는 **How high ~?**, 거리는 **How far ~?** 등입니다. 참 수량을 물어볼 때 셀 수 있는 경우라면 **many**로, 셀 수 없는 경우라면 **much**로 구분된다는 것에 주의하세요.

08 감정 표현¹

- **anger** 앵거 — 화
- **anxiety** 앵자이어티 — 염려
- **be ashamed** 비 어쉐임드 — 부끄러워하다
- **be astonished** 비 어스타니쉬트 — 깜짝 놀라다
- **be astounded** 비 어스타운디드 — 몹시 놀라다
- **be stunned** 비 스턴드 — 어리벙벙하다
- **be surprised** 비 써프라이즈드 — 놀라다
- **dread** 드레드 — 두려움, 두려워하다
- **emotion** 이모우션 — 감정
- **envy** 엔비 — 질투, 부러워하다
- **fear** 피어 — 공포
- **glad** 글래드 — 기쁜(pleasant)
- **grief** 그리프 — 비탄
- **grudge** 그러쥐 — 악의, 적의
- **jealousy** 젤러씨 — 시샘
- **pleasure** 플레져 — 기쁨
- **rage** 레이쥐 — 분노
- **shame** 쉐임 — 수치
- **sorrow** 싸로우 — 슬픔
- **worry** 워리 — 걱정

Conversations

- 도운트 워리 어바울 잍
  Don't worry about it.
- 넥스트 타임 아일 겔 잍 라잍
  Next time I'll get it right.

- 아임 쏘리 아이 럽드 유 더 렁 웨이
  I'm sorry I rubbed you the wrong way.
- 왙 디드 유 두 댈 퍼
  What did you do that for?

- 썩쎄스 오어 페일러 메잌스 노우 디퍼런스 투 미
  Success or failure makes no difference to me.
- 아이 엔비 유
  I envy you.

- 그 일에 대해서는 걱정하지 말아요.
- 다음에는 잘할게요.

- 약 올려서 미안해.
- 왜 그랬던 거야?

- 성공하든 실패하든 나는 상관없어.
- 네가 부럽다.

---

get it right 올바르게 하다 | **rub a person (up) the wrong way** ~을 화나게 하다, 안달나게 하다

기분을 물어보고 싶을 땐 어떻게 할까요? **How do you feel?**(기분이 어때?)로 물어보면 됩니다. 대답은 be동사 뒤에 현재의 느낌이나 상태를 말하면 되지요. **I'm confused.**(혼란스러워), **I'm nervous.**(떨려), **I'm scared.**(무서워) 등 그때그때 달라지겠죠?

09 감정 표현²

□ **admire**	애드마이어	숭배하다
□ **adore**	어도어	흠모하다
□ **be fond of**	비 판드 어브	좋아하다
□ **be satisfied**	비 새티스파이드	만족하다
□ **care for**	케어 퍼	좋아하다
□ **contempt**	컨템트	모욕, 경멸
□ **content**	컨텐트	만족한
□ **despair**	디스페어	절망
□ **desperate**	데스퍼릿	절망적인
□ **despise**	디스파이즈	경멸(하다)
□ **dislike**	디스라잌	혐오
□ **esteem**	이스티임	경의를 표하다
□ **hate**	헤일	증오하다
□ **look down on**	룩 다운 온	무시하다
□ **miserable**	미저러블	비참한
□ **passionate**	패셔널	열정적인
□ **pitiful**	피티풀	불쌍한
□ **respect**	리스펙트	존경하다
□ **sensitive**	쎈서티브	감각적인, 민감한
□ **sentimental**	쎈터멘틀	감성적인

Conversations

- What was your first impression of him?
  (왓 워즈 유어 퍼스트 임프레션 어브 힘)
- At first, I dislike him.
  (앹 퍼스트 아이 디스라잌 힘)

- Don't look down on me so.
  (도운트 룩 다운 온 미 쏘우)
- I didn't mean to offend you.
  (아이 디든트 미인 투 어펜드 유)

- Congratulations on your victory.
  (컨그래츄레이션즈 온 유어 빅터리)
- I contented with the result.
  (아이 컨텐티드 위드 더 리절트)

- 그 사람 첫인상이 어땠어요?
- 처음에는 싫었어요.

- 사람을 그렇게 깔보지 말아요.
- 당신 기분을 상하게 할 의도는 아니었어요.

- 우승 축하해요.
- 저도 결과에 기뻐요.

Words

first impression 첫인상 | **offend** ~의 감정을 상하게 하다

Tip

'기쁘다'의 여러 표현에 대해 알아볼게요. 'Don't worry, be happy'란 노래 아시죠? 행복해, 기뻐라고 말하고 싶을 때는 **be happy, be glad, be delightful, be pleased, be gratified, be tickled** 등 여러 표현을 사용할 수 있답니다.

10 감정 표현

□ **affecting**	어펙팅	감동시키는
□ **be bewildered**	비 비윌더어드	당황하다
□ **be confused**	비 컨퓨우즈드	혼란스러워하다
□ **be moved**	비 무브드	감동하다
□ **be puzzled**	비 퍼즐드	어리둥절해하다
□ **conceit**	컨시잍	자만(하다)
□ **concentrate**	컨센트레잍	(주의를) 집중하다
□ **devout**	디바웉	경건한
□ **doubt**	다웉	의심(부정적으로)
□ **flatter**	플래터	아첨하다
□ **hesitate**	헤져테잍	주저하다
□ **humor**	휴머	유머
□ **keep one's temper**	킾 원스 템퍼	평정을 유지하다
□ **moving**	무우빙	감동적인
□ **nostalgia**	나스탤져	향수
□ **out of humor**	아웉 어브 휴머	기분이 언짢은
□ **sob**	샆	흐느끼다
□ **suspect**	써스펙트	의심(긍정적으로)
□ **trust**	트러스트	신뢰
□ **weep**	위잎	울다

Conversations

- Why do you like this song?
- The song makes me feel nostalgic.

- Why are you steaming?
- My husband betrayed my trust.

- I doubt he will come here.
- What do you mean by that?

- 왜 이 노래를 좋아하세요?
- 이 노래는 나에게 향수를 느끼게 합니다.

- 왜 그렇게 화가 났어?
- 남편이 내 신뢰를 저버렸어.

- 그가 여기 올 건지 의심스러워요.
- 그건 무슨 뜻이에요?

nostalgic 고향을 그리는 | **steam** 화내다, 발끈하다 | **betray** 배반하다

이번엔 '화가 나다'는 여러 표현에 대해 좀 더 알아볼까요? 일반적으로 쓰이는 **get angry**(화나다) 외에도 **blood boil**(피가 끓다), **feel so used**(이용당한 기분이다), **seeing red**(격노하다), **get sore**(화를 내다), **make crazy**(미치게 하다), **have a mad on**(화내다) 등 여러 가지로 말할 수 있어요.

11 상태¹

- **dangerous** 데인져러스 — 위험한
- **deep** 디잎 — 깊은
- **dry** 드라이 — 건조한, 마른
- **durable** 듀어러블 — 견고한, 튼튼한
- **fragile** 프래졀 — 깨지기 쉬운
- **fragrant** 프레이그런트 — 냄새 좋은, 향기로운
- **fresh** 프레쉬 — 신선한
- **mess** 메스 — 난잡, 엉망진창
- **narrow** 내로우 — 좁은
- **neat** 니잍 — 깔끔한
- **opaque** 오우페잌 — 불투명한
- **rotten** 라튼 — 썩은
- **rough** 러프 — 거친, 조잡한
- **safe** 세잎 — 안전한
- **shallow** 쉘로우 — 얕은
- **smelly/stinky** 스멜리/스팅키 — 악취가 나는
- **smooth** 스무우드 — 부드러운
- **stale** 스테일 — 신선하지 않은
- **transparent** 트랜스패어런트 — 투명한
- **wet** 웹 — 젖은, 습한

Conversations

- **What is he like?**
  왓   이즈 히   라이크
- **He is narrow-minded.**
  히 이즈 내로우 마인디드

- **My room is a terrible mess.**
  마이   룸   이즈 어 테러블   메스
- **Have you been robbed?**
  해브 유 빈   랍트

- **What is important to do well in an interview?**
  왓 이즈   임포턴트   투 두 웰   인 언   인터뷰
- **A neat appearance is important.**
  어 니잍   어피어런스   이즈   임포턴트

- 그 사람 어때요?
- 편협해요.

- 내 방이 난장판이야.
- 도둑맞은 거 아냐?

- 인터뷰를 잘하는 데 있어 무엇이 중요할까요?
- 단정한 외모가 중요합니다.

---

narrow-minded 마음이 좁은, 편협한 | **terrible** 무시무시한, 대단한 | **appearance** 외모

성질이나 모양, 상태에 대해 '~이 어때요?'라고 물어볼 때는 How about ~?이나 How do you like ~?, What is ~ like?을 써서 말해요.
How about the result? 결과는 어때? | How do you like your new boss? 새 상사는 어때? | What is he like? 그 사람 어때?

12 상태²

- **alive** 얼라이브 — 살아 있는
- **beautiful** 뷰우터펄 — 아름다운
- **complicated** 캄플러케이티드 — 복잡한
- **continuously** 컨티뉴어슬리 — 연속적으로
- **dead** 데드 — 죽은
- **direct** 디렉트 — 직접적인
- **evident** 에비던트 — 명백한
- **frequently** 프리퀀틀리 — 자주
- **indirect** 인더렉트 — 간접적인
- **irregular** 이레귤러 — 불규칙저인
- **legal** 리이설 — 합법적인
- **noisy** 노이지 — 시끄러운
- **over and over** 오우버 앤드 오우버 — 반복하여
- **quiet** 콰이얼 — 조용한
- **rarely** 레얼리 — 좀처럼 ~하지 않다
- **regular** 레귤러 — 규칙적인
- **seldom** 셀덤 — 거의 ~하지 않다
- **simple** 심플 — 단순한
- **ugly** 어글리 — 추한
- **usually** 유절리 — 흔히

Conversations

- How can your granfa maintain his health?
- He keeps regular hours.

- Did you ask why he lied to you?
- Not yet. We rarely meet face-to-face.

- Don't be noisy!
- I'm sorry for making a scene.

- 너네 할아버지는 어떻게 건강을 유지하셔?
- 규칙적인 생활을 하셔.

- 왜 너한테 거짓말을 했는지 그 사람한테 물어봤어?
- 아직 못했어. 우리는 직접 보는 경우가 드물어.

- 조용히 하세요!
- 소란을 피워서 미안합니다.

Words

maintain 유지하다 | **face-to-face** 마주 대하여 | **make a scene** 소란을 피우다

Tip

'소란을 피우다' 라는 말을 들으니 시끌벅적한 파티가 생각나지 않나요? 미국에서는 이런저런 다양한 이유로 파티를 열어요. 하지만 우리가 생각하는 드레스나 턱시도를 입고 샴페인을 홀짝거리는 파티가 아니라 그저 여러 사람이 모여 얘기를 나누는 정도의 모임을 말해요. 미국에선 파티를 광적으로 좋아하는 사람을 **party animal**이라고도 부른답니다.

13 색깔

amber 앰버	호박색(의)
beige 베이쥐	베이지색(의)
bright 브라잍	밝은
brown 브라운	갈색(의)
dark 다아크	짙은, 어두운
fade 페이드	색 바랜
gold 고올드	황금색(의)
gray 그레이	회색(의)
indigo 인디고우	남색(의)
ivory 아이버리	상아색(의)
light 라잍	옅은
maroon 머루운	밤색(의)
orange 오린쥐	오렌지색(의)
pink 핑크	분홍색(의)
rose 로우즈	장미색(의)
scarlet 스카알맅	주홍색(의)
showy 쇼우이	화려한
silver 앀버	은색(의)
somber 쌈버	어둠침침한
violit 바이얼맅	보라색(의)

Conversations

- Show me another, please.
- How about this violet shirt?

- Which woman is Amy?
- She is dressed in red.

- What do you think of this new decoration?
- The color and design are perfect.

- 다른 것으로 보여 주세요.
- 이 보라색 셔츠는 어떠세요?

- 누가 에이미야?
- 그녀는 붉은색 옷을 입고 있어.

- 이 방의 새로 한 장식 어떠세요?
- 색깔과 디자인이 완벽하네요.

decoration 장식 | **perfect** 완벽한

대표적인 다민족국가인 미국에서 흑인과 백인을 지칭할 때는 **African American**, **European American**이라고 해요. 그리고 필요 이상으로 강조만 안 한다면 **black**, **white** 로 말해도 무난해요. 하지만 **Negro** 같은 말은 절대 금물이랍니다. 이런 인종차별적인 표현은 하지 않도록 특히 주의해야 해요.

14 신체와 반응

□ **belch** 벨치	트림(하다)
□ **blood** 블러드	피
□ **belly button** 벨리 버튼	배꼽
□ **body** 바디	몸, 신체
□ **bone** 보운	뼈
□ **bowels** 바우얼즈	장, 내장
□ **cough** 코오프	기침(하다)
□ **feces** 피이시이즈	대변, 배설물
□ **heart** 하아트	심장
□ **hiccup** 히컾	딸꾹질(하다)
□ **lungs** 렁스	폐
□ **saliva** 썰라이버	침
□ **skin** 스킨	피부
□ **sneeze** 스니이즈	재채기(하다)
□ **snore** 스노어	코를 곪, 코를 골다
□ **stomach** 스터먹	위
□ **sweat** 스웰	땀
□ **tear** 티어	눈물
□ **urine** 유린	소변
□ **yawn** 요온	하품(하다)

Conversations

- Is your belly button an insy or an outsy?
  _{이즈 유어 벨리 버튼 언 인시 오어 언 아웃시}

- My belly button is an insy. How about you?
  _{마이 벨리 버튼 이즈 언 인시 하우 어바웃 유}

- Try not to belch at the table.
  _{트라이 낫 투 벨치 앳 더 테이블}

- Enough of your preaching.
  _{이너프 어브 유어 프리어칭}

- This fish stinks.
  _{디스 피쉬 스팅크스}

- The smell turns my stomach.
  _{더 스멜 터언스 마이 스터먹}

- 너의 배꼽은 들어갔니 나왔니?
- 내 배꼽은 들어갔어. 너는?

- 식탁에서 트림하지 마.
- 잔소리 좀 고만 해.

- 생선에서 썩은내가 나.
- 냄새에 속이 뒤집혀.

Words

insy (움푹 들어간) 배꼽 | **outsy** (나온) 배꼽 | **preach** 훈계하다, 설교하다 | **stink** 악취를 풍기다 | **turn one's stomach** ~의 기분을 상하게 하다, 속이 뒤집히다

Tip

우리의 안 깐 콩깍지, 깐 콩깍지 말장난같이 영어에도 **tongue twister**라는 게 있답니다. 자, 빨리 소리 내어 말해 볼까요.

How much wood would a woodchuck chuck if a woodchuck could chuck wood?

마아멋 한 마리가 나무를 갉아 먹는다고 해도 나무가 얼마나 없어지겠어?

15 신체 조직

- **appendix** 어펜딕스 — 맹장
- **artery** 아아터리 — 동맥
- **blood vessel** 블러드 베슬 — 혈관
- **brain** 브레인 — 뇌, 전두엽
- **cerebrum** 써리이브럼 — 대뇌
- **circulatory** 서어큘러터어리 — 순환기의
- **gall bladder** 고올 블래더 — 쓸개
- **internal organ** 인터어늘 오오건 — 내장
- **joint** 조인트 — 관절
- **kidney** 키드니 — 신장
- **large intestine** 라아쥐 인테스틴 — 대장
- **liver** 리버 — 간장
- **muscle** 머쓸 — 근육
- **nerve** 너어브 — 신경
- **respiratory** 레스퍼러토오리 — 호흡기의
- **secretion** 씨크리이션 — 분비액
- **sense organ** 센스 오오건 — 감각 기관
- **sexual organ** 섹슈얼 오오건 — 생식 기관
- **small intestine** 스모올 인테스틴 — 소장
- **vein** 베인 — 정맥

Conversations

🅐 He fell and put his knee out of joint.
히 펠 앤드 풋 히즈 니이 아울 어브 조인트

🅑 I'm sorry to hear that.
아임 쏘리 투 히어 댙

🅐 I have to urinate frequently.
아이 해브 투 유러네잍 프리퀀틀리

🅑 Something is wrong with your kidney.
썸씽 이즈 렁 위드 유어 키드니

🅐 I've made a reservation to take a physical tomorrow.
아이브 메이드 어 레져베이션 투 테잌 어 피지컬 투마러우

🅑 I hope everything turns out okay.
아이 호웊 에브리띵 턴즈 아울 오우케이

🅐 그가 넘어져서 무릎 관절이 탈골됐대요.
🅑 안됐네요.

🅐 오줌이 잦아요.
🅑 신장에 뭔가 이상이 있나 봐요.

🅐 내일 신체검사를 받기 위해 예약을 했어.
🅑 모든 게 좋기를 바래.

knee 무릎 | **urinate** 오줌을 누다 | **make a reservation** 예약하다 | **take a physical** 신체검사하다

얼굴 표정에 대해 자세히 알아볼까요?
grin 씩 웃다 | **giggle** 낄낄 웃다 | **smile** 웃다 | **laugh** 활짝 웃다 | **frown/make face** 얼굴을 찡그리다 | **weep** 울다 | **sob** 흑흑 울다 | **blush/turn red** 얼굴이 빨개지다 | **cry one's eyes out** 눈 빠지게 울다

16 사람의 일생¹

adolescence 애덜레슨스	청소년기
adult 어덜트	성인
baby 베이비	아기
bachelor 배췰러	독신남
baptism 뱁티즘	세례식
fall in love 포올 인 러브	사랑에 빠지다
birth 버어쓰	탄생
boyfriend 보이프렌드	남자친구
childhood 차일드후드	유년기
engagement 인게이쥐먼트	약혼
first love 피스트 리브	첫사랑
girlfriend 걸프렌드	여자친구
infant 인펀트	유아
marriage 매리쥐	결혼
marriageable 매리져블	결혼 적령기의
newlyweds 뉴을리웨즈	신혼부부
single 씽글	미혼의, 독신의
spouse 스파우스	배우자
youth 유쓰	젊음, 청년

Conversations

- Who was he?
  (후 워즈 히?)
- He is my boyfriend.
  (히 이즈 마이 보이프렌드)
- I want to share my life with you.
  (아이 원트 투 쉐어 마이 라잎 위드 유)
- Thank you, but I'm sorry I'm engaged already.
  (땡크 유 벋 아임 쏘리 아임 인게이쥐드 얼레디)
- Is he married?
  (이즈 히 매리드?)
- No, he is a bachelor.
  (노우 히 이즈 어 배췰러)

- 그 사람 누구였어?
- 내 남자친구야.

- 내 일생을 당신과 함께 하고 싶습니다.
- 고마워요, 그런데 미안하지만 난 이미 약혼했어요.

- 그 사람 결혼했어?
- 아니, 그는 독신이야.

share 함께 하다 | **engaged** 약혼한

생일날 케이크 촛불을 끌 때 소원을 빌지요? 이것을 **make a birthday wish**라고 해요. 생일날 먹는 미역국은 **seaweed soup**이라고 하구요. 생일 축하 노래를 하다는 **sing a birthday song**이라고 한답니다.

17 사람의 일생²

- **bride** 브라이드 — 신부
- **bridegroom** 브라이드구룸 — 신랑
- **death** 데쓰 — 죽음
- **descendant** 디센던트 — 자손
- **divorce** 디보오스 — 이혼
- **elderly man** 엘덜리 맨 — 남자노인
- **elderly woman** 엘덜리 워먼 — 여자노인
- **fiance** 피아안세이 — 약혼자(남)
- **fiancee** 피아안세이 — 약혼녀(여)
- **funeral** 퓨우너럴 — 장례식
- **get married** 겥 매리트 — 결혼하다
- **give birth** 기브 버어쓰 — 출산하다
- **grave** 그레이브 — 무덤
- **honeymoon** 허니무운 — 신혼여행
- **pregnant** 프레그넌트 — 임신한
- **retirement age** 리타이어먼트 에이쥐 — 정년
- **senior citizen** 씨니어 시티즌 — 고령자
- **wedding** 웨딩 — 결혼식
- **widow** 위도우 — 과부
- **widower** 위도우어 — 홀아비

Conversations

- Where did you go for your honeymoon?
  (웨어 디드 유 고우 퍼 유어 허니무운)
- We went to Hawaii.
  (위 웬트 투 하와이)

- What happened to Anna?
  (왓 해픈드 투 애나)
- She was divorced from her husband.
  (쉬 워즈 디보오스드 프럼 허 허즈번드)

- Is she still pregnant?
  (이즈 쉬 스틸 프레그넌트)
- She gave birth to a boy already.
  (쉬 게이브 버어쓰 투 어 보이 얼레디)

- 신혼여행으로 어디 갔었니?
- 하와이로 갔었어.

- 애나한테 무슨 일 있어?
- 그녀는 남편과 이혼했어.

- 저 여자 아직도 임신중이야?
- 벌써 사내아이를 낳았는걸.

happen (일, 사건 등이) 일어나다

'누구와 결혼하다' 라는 뜻의 **marry** 는 '~와' 에 해당하는 전치사 **with** 를 써야만 할 것 같지만 전치사가 필요 없는 동사예요. **marry** 는 원래 '결혼시키다' 의 뜻이었어요. 예전엔 부모가 자식들을 결혼시켰으니까요. 그런데 현대에 이르자 자기 자신이 결혼을 결정할 수 있게 되는 바람에 '결혼하다' 라는 능동의 의미도 갖게 된 거랍니다.

2장

바로 통하는 여행 단어

18 여행 준비하기[1]	24 쇼핑하기	30 술집에서
19 여행 준비하기[2]	25 교통	31 요리[1]
20 공항에서	26 도로에서	32 요리[2]
21 기내에서	27 열차와 선박	33 요리 재료
22 숙박[1]	28 식당에서[1]	34 향신료와 맛
23 숙박[2]	29 식당에서[2]	35 음식과 과일

18 여행 준비하기¹

- **airline ticket** 에얼라인 티켙 — 항공권
- **aisle seat** 아일 시일 — 복도석
- **arrive** 어라이브 — 도착하다
- **backpack** 백팩 — 배낭
- **bad weather** 배드 웨더 — 악천후
- **book** 북 — 예약하다
- **confirm** 컨퍼엄 — 확인하다
- **depart** 디파아트 — 출발하다
- **money exchange** 머니 익스췌인쥐 — 환전
- **one-way ticket** 원 웨이 티켙 — 편도표
- **passport** 패스포오트 — 여권
- **plan** 플랜 — 계획하다
- **round-trip ticket** 라운드 트맆 티켙 — 왕복표
- **suit case** 수울케이스 — 가방
- **travel insurance** 트래블 인슈어런스 — 여행자 보험
- **vacation** 베이케이션 — 휴가
- **via** 비이어 — ~을 경유하여
- **visa** 비이저 — 비자
- **waiting list** 웨이팅 리스트 — 대기자 명단
- **window seat** 윈도우 씨일 — 창가석

Conversations

- **Did you get your visa?**
  디드 유 겟 유어 비이저
- **No, not yet. It's really hard to get.**
  노우 낫 옛 잍츠 리얼리 하아드 투 겟

- **When are you planning to take a vacation?**
  웬 아 유 플래닝 투 테잌 어 베이케이션
- **I'm thinking of taking it next month.**
  아임 띵킹 어브 테이킹 잍 넥스트 먼쓰

- **You should take out travel insurance.**
  유 슈드 테잌 아웉 트래블 인슈어런스
- **Oh, really?**
  오우 리얼리

- 비자 받았어요?
- 아뇨, 아직이요. 받기 정말 어렵네요.

- 언제 휴가 갈 계획이니?
- 다음 달에 갈까 생각 중이야.

- 여행자 보험에 꼭 들어야 해요.
- 아, 정말요?

Words

get a visa 비자를 받다 | **take a vacation** 휴가를 가다

Tip

'예약하다'의 뜻인 book과 reserve는 단독으로 쓰이는 것보다 **make a book**과 **make a reservation**으로 더 많이 쓰여요. 특히 특정한 목적어가 없을 경우에는 단독으로 쓸 수 없어요. 즉 Did you book?, Did you reserve?라고는 안 쓴답니다. Did you make a book?과 Did you make a reservation?으로 써야 해요.

49
48

19 여행 준비하기²

- **direct flight** 디렉트 플라읻 — 직항
- **economy class** 이카너미 클래스 — 보통석
- **embassy** 엠버씨 — 대사관
- **extend** 익스텐드 — 연장하다
- **fee** 피이 — 수수료, 요금
- **first class** 퍼스트 클래스 — 일등석
- **group tour** 그루웊 투어 — 단체 여행
- **guide book** 가이드 북 — 여행책
- **hand in** 핸드 인 — 제출하다
- **historic sites** 히스토릭 사이츠 — 유적지
- **interview** 인터뷰우 — 면접하다
- **itinerary** 아이티너레리 — 여행 스케줄
- **local product** 로우컬 프라덕트 — 특산품
- **palace** 팰리스 — 왕궁
- **reservation** 레저베이션 — 예약하다
- **souvenir** 수우버니어 — 기념품
- **stay** 스테이 — 체류하다
- **three nights four days** 쓰리 나이츠 포오 데이즈 — 3박 4일
- **transfer** 트랜스퍼 — 갈아타다
- **travel agency** 트래블 에이전시 — 여행사

Conversations

🅐 Is it direct flight to Denver?
_{이즈 잇 디렉트 플라잍 투 덴버}

🅑 No. There is a layover in Chicago.
_{노우 데어 이즈 어 레이오버 인 시카고}

🅐 I'm off to Italy.
_{아임 오프 투 이틀리}

🅑 Do you have a guide book for Italy?
_{두 유 해브 어 가이드 북 퍼 이틀리}

🅐 How long will you stay in Hawaii?
_{하우 롱 윌 유 스테이 인 하와이}

🅑 I can take a week off work.
_{아이 캔 테잌 어 위엌 오프 워엌}

🅐 덴버까지 직항인가요?
🅑 아니오. 시카고에서 경유하셔야 해요.

🅐 나 이탈리아로 여행 갈 거야.
🅑 너 이탈리아 여행책 있어?

🅐 하와이에 얼마나 있을 거야?
🅑 일주일 휴가 받을 수 있어.

layover 도중하차(stopover), 경유 | **be off** 떠나다

사람들은 여행을 준비하면서 떠나는 날만을 학수고대하겠죠? '~을 기대하다'의 뜻으로 **expect**와 **look forward to**가 있어요. **expect**는 단순히 어떤 일을 기대한다는 뜻이에요. 기대하던 일이 일어나지 않아도 별 상관이 없는 경우지요. 한편 **look forward to**는 어떤 일이 일어나기를 학수고대하고 있다는 의미예요. 어떤 일이 일어나길 간절히 바라는 경우에 씁니다.

20 공항에서

- **air terminal** 에어 터머늘 — 공항터미널
- **airport** 에어포오트 — 공항
- **baggage claim** 배기쥐 클레임 — 수하물 찾는 곳
- **boarding pass** 보오딩 패스 — 탑승권
- **carry on** 캐리 온 — 들고 타는 가방
- **check in** 체크 인 — 탑승하다
- **check-in counter** 체크 인 카운터 — 탑승 수속 카운터
- **confirmation** 컨퍼메이션 — 확인
- **customs** 커스텀즈 — 세관
- **declare** 디클레어 — 신고하다
- **delay** 딜레이 — 연착하다
- **domestic line** 더메스틱 라인 — 국내선
- **duty-free shop** 듀티 프리 샾 — 면세점
- **immigration** 이머그레이션 — 입국 심사
- **international line** 인터내셔널 라인 — 국제선
- **smoking section** 스모우킹 섹션 — 흡연 구역
- **quarantine** 쿼런틴 — 검역하다
- **security check** 시큐어러티 쳌 — 검색
- **local time** 로우컬 타임 — 지역 시간
- **timetable** 타임테이블 — 시간표

Conversations

- I'd like to **confirm** my reservation.
  _{아이드 라잌 투 컨퍼엄 마이 레져베이션}
- What is your name, sir?
  _{왇 이즈 유어 네임 써}

- Would you show me your **boarding pass**?
  _{우드 유 쇼우 미 유어 보오딩 패스}
- Here it is.
  _{히어 잍 이즈}

- It's over the **weight limit**, Miss.
  _{잍츠 오우버 더 웨일 리밑 미스}
- Well, I'll take some stuff out.
  _{웰 아일 테잌 썸 스텉 아울}

- 예약을 확인하고 싶은데요.
- 성함이 어떻게 되시나요?

- 탑승권을 보여 주시겠습니까?
- 여기 있어요.

- 중량이 초과되었습니다.
- 그럼, 짐을 좀 뺄게요.

---

reservation 예약 | **Would you show me ~?** 저에게 ~을 보여 주시겠습니까? | **over weight** 무게가 초과하다 | **stuff** 물건

그 외에 알아두면 편리한 공항에서 자주 쓰이는 단어를 알아볼까요?
Departure Gate 출발 입구 | **Arrival Gate** 도착 입구 | **Boarding Gate** 탑승구 | **baggage cart** 카트 | **porter** 짐꾼 | **Money Exchange Booth** 환전소 | **Airport Information** 공항 안내 | **Rental Car Reservation Phone** 렌터카 예약 전화

21 기내에서

- **aboard** 어보오드 — 탑승하다
- **airsickness** 에어식크니스 — 멀미
- **baggage compartment** 배기쥐 컴파아트먼트 — 수하물 함
- **blanket** 블랭킽 — 담요
- **disembarkation card** 디셈바케이션 카아드 — 입국 카드
- **exit** 에그짙 — 비상구
- **fasten** 패쓴 — 매다
- **flight attendant** 플라읻 어텐던트 — 승무원
- **in-flight meals** 인 플라읻 미일즈 — 기내식
- **jet lag** 젤 래그 — 시차 피로
- **landing** 랜딩 — 착륙
- **lavatory** 래버토오리 — 화장실
- **life jacket** 라이프 재킽 — 구명재킷
- **occupied** 아큐파이드 — 사용 중
- **oxygen mask** 악씨젼 매스크 — 산소 마스크
- **passenger** 패신저 — 탑승객
- **pilot** 파일럳 — 조종사
- **seat-belt** 씨잍 벨트 — 안전벨트
- **take off** 테잌 오프 — 이륙
- **vacant** 베이컨트 — 비어 있는

Conversations

🧑 It's chilly. Please give me a blanket.
　일츠　췰리　플리즈　기브　미　어　블랭킷

👩 I'll be right back.
　아일 비 라잇 백

👩 Which would you like, beef or chicken?
　위치　우드　유　라잌　비이프　오어　치큰

🧑 Chicken, please.
　치큰　플리즈

🧑 Excuse me, may I change my seat?
　익스큐즈 미,　메이 아이 체인쥐 마이 씨잍

👩 Sure. This way, please.
　슈어　디스 웨이　플리즈

🧑 추운데요. 담요 좀 주시겠어요.
👩 곧 가져다 드리겠습니다.

🧑 소고기와 닭고기 중 어떤 걸로 하시겠습니까?
👩 닭고기 주세요.

🧑 실례지만, 좌석을 바꾸어도 될까요?
👩 물론이죠. 이쪽으로 오세요.

beef 소고기 | **chicken** 닭고기 | **change** 바꾸다

이번엔 알아두면 편리한 기내에서 자주 쓰는 단어를 알아볼까요?
Emergency Exit 비상구 | **overhead bin** 기내 선반 | **tray table** 식사용 간이 테이블 | **motion sickness bag** 멀미 봉지

22 숙박

B&B	비앤비	비&비 (아침이 나오는 간이 숙박)
check in	쳌 인	투숙하다
check out	쳌 아웃	호텔 방을 비우다
double	더블	더블 베드 방
extra bed	엑스트러 베드	추가 침대
front desk	프런트 데스크	접수대, 프런트
full	풀	방이 다 찬
guest house	게스트 하우스	게스트 하우스
guide	가이드	안내자
hostel	호우스텔	호스텔
hotel	호우텔	호텔
overseas travel	오우버시이즈 트래벌	해외 여행
single	싱글	싱글 베드 방
suite	스위잍	(거실 있는) 큰 호텔 방
tourist	투어리스트	관광객
triple	트리플	3인용의
twin	트윈	트윈 베드 방
vacancy	베이컨시	빈 방 있음
with bath	위드 배쓰	욕실이 딸린
with shower	위드 샤우어	샤워 시설이 딸린

Conversations

- **How can I help you?**
  _{하우 캔 아이 헬프 유}
- **I'd like to book a double room.**
  _{아이드 라잌 투 북 어 더블 룸}

- **Do you have a room available?**
  _{두 유 해브 어 룸 어베일러블}
- **I'm sorry, we are fully booked.**
  _{아임 쏘리 위 아 풀리 북트}

- **Is breakfast included in the fee?**
  _{이즈 브랙퍼스트 인클루디드 인 더 피이}
- **Yes, breakfast is served from 7 to 10 a.m.**
  _{예스 브랙퍼스트 이즈 서어브드 프럼 세븐 투 텐 에이엠}

- 무엇을 도와드릴까요?
- 더블룸 하나 주세요.

- 방 있습니까?
- 죄송합니다만, 방이 다 찼습니다.

- 요금에 아침식사가 포함되어 있나요?
- 네, 아침 7시에서 10시까지 아침식사가 제공됩니다.

book 예약하다 | **available** 이용할 수 있는 | **include** ~을 포함하다 | **fee** 요금 | **serve** (음식을) 내다, 상을 차리다

B&B는 영국에 많은 숙박 형태로 일반 가정에서 잠자리와 아침식사를 제공해 주는 것을 말해요. 숙박비도 저렴하고 그 나라의 문화를 배울 수 있는 좋은 경험이 될 수 있어요.

23 숙박²

- **amenity** 어메너티 — (호텔) 편의 제공 서비스
- **charge** 차아쥐 — 청구하다
- **complain** 컴플레인 — 항의하다
- **dirty** 더어티 — 더러운
- **emergency exit** 이머어전시 에그짙 — 비상구
- **hot water** 핱 워터 — 더운 물
- **laundry service** 로온드리 서어비스 — 세탁 서비스
- **make up/clean** 메이크 업 / 클리인 — 청소하다
- **rate** 레잍 — 요금
- **receipt** 리시잍 — 영수증
- **registration card** 레지스트레이션 카아드 — 숙박 카드
- **room service** 룸 서어비스 — 룸서비스
- **safe** 세잎 — 금고
- **sea view** 씨이 뷰우 — 바다 전망의
- **security deposit** 시큐리티 디파짙 — 보증금
- **service charge** 서어비스 차아쥐 — 봉사료
- **sheet** 쉬잍 — 홑이불
- **towel** 타월 — 수건
- **transformer** 트랜스포머 — 변압기
- **wake-up call** 웨이크 엎 콜 — 기상콜

Conversations

- I made a <u>reservation</u> under Mr. Kim.
  (아이 메이드 어 레저베이션 언더 미스터 김)
- I'm sorry. We don't have your <u>reservation</u>.
  (아얌 쏘리 위 도운트 해브 유어 레저베이션)

- What kind of <u>room</u> would you like?
  (왓 카인드 어브 룸 우드 유 라익)
- May I have a room with a <u>sea view</u>.
  (메이 아이 해브 어 룸 위드 어 씨이 뷰우)

- Maintenance Department, may I help you?
  (메인터넌스 디파아트먼트 메이 아이 헬프 유)
- Yes. I haven't got any water in the <u>bathroom</u>.
  (예스 아이 해븐트 갓 애니 워터 인 더 배쓰룸)

- '김'이라는 이름으로 예약을 했습니다.
- 죄송합니다. 손님 예약이 안 되어 있습니다.

- 어떤 방을 원하십니까?
- 바다가 보이는 방으로 주세요.

- 관리부입니다. 무엇을 도와드릴까요?
- 네. 욕실에 물이 안 나와요.

maintenance department 관리부

우리나라와는 달리 많은 나라에서 팁 문화가 일반화되어 있어요. 호텔에서 체크아웃을 하거나 방 청소 서비스를 받을 때는 1인당 1달러 정도를 침대 위에 두면 돼요. 벨보이가 짐을 들어주었을 때도 1달러가 적당합니다.

24 쇼핑하기

□ **bargain** 바아건	흥정하다
□ **cash** 캐쉬	현금
□ **change** 체인쥐	잔돈
□ **cheap** 취잎	값싼
□ **choose/pick out** 추우즈 / 픽 아웃	선택하다
□ **credit card** 크레딭 카아드	신용카드
□ **department store** 디파아트먼트 스토어	백화점
□ **discount** 디스카운트	할인(하다)
□ **duty-free** 듀티 프리	면세
□ **expensive/dear** 익스펜시브/디어	비싼
□ **fixed price** 픽스트 프라이스	정가
□ **gift** 기프트	선물
□ **go shopping** 고우 샤핑	쇼핑하러 가다
□ **market** 마아킽	시장
□ **plastic bag** 플래스틱 백	비닐봉투
□ **price** 프라이스	가격
□ **quality** 퀄러티	품질
□ **reasonable** 리전어블	타당한, 적당한
□ **stall** 스톨	노점
□ **wrap** 랩	포장하다

Conversations

🔸 웨어 두 데이 셀 토이즈
Where do they sell toys?

🔹 잍츠 온 더 피프쓰 플로어
It's on the 5th floor.

🔸 두 유 캐리 오리엔털 푸우즈
Do you carry Oriental foods?

🔹 위 도운트 캐리 애니
We don't carry any.

🔸 왙 이즈 유어 초이스
What is your choice?

🔹 아일 추우즈 애프터 룩킹
I'll choose after looking.

🔸 장난감은 어디서 팝니까?
🔹 5층에 있습니다.

🔸 동양 식품 있나요?
🔹 저희는 취급하지 않습니다.

🔸 고르셨나요?
🔹 좀 보고 나서 고를게요.

---

sell 팔다 | **toy** 장난감 | **Oriental** 동양의 | **carry** (물품을) 가게에 들여놓다, 팔고 있다

백화점이나 일반 상점에서는 가격이 정해져 있지만 혹시 벼룩시장이나 길거리에서 물건을 사는 거라면 약간의 흥정이 가능하겠죠? '좀 깎아 주세요'라고 말하고 싶을 땐 **Can you give me a discount?** 이나 **Can you cut the price a little?** 라고 말하세요.

25 교통

- **bicycle** 바이시클 — 자전거
- **bus stop** 버스 스탑 — 버스 정류장
- **cab driver** 캡 드라이버 — 택시 운전기사
- **change** 체인쥐 — 갈아타다
- **double parking** 더블 파아킹 — 이중주차
- **drive** 드라이브 — 운전하다
- **fare** 페어 — 버스 요금
- **flat tire** 플랫 타이어 — 펑크 난 타이어
- **gas station** 개스 스테이션 — 주유소
- **limousine** 리머지인 — 리무진
- **meter** 미터 — 미터, 계량기
- **money changer** 머니 체인져 — 화폐 교환기
- **motorbike** 모우터바잌 — 오토바이
- **park** 파아크 — 주차하다, 주차장
- **round map** 라운드 맾 — 노선표
- **subway** 써브웨이 — 지하철
- **taxi/cab** 택시/캡 — 택시
- **ticket counter** 티켙 카운터 — 매표소
- **train** 트레인 — 열차
- **vehicle** 비히클 — 탈 것, 운송 수단

Conversations

- Is this the bus to Seoul station?
  이즈 디스 더 버스 투 서울 스테이션
- No, you need to take the 401 bus.
  노우 유 니드 투 테잌 더 포오우원 버스

- Where to, Sir?
  웨어 투 써
- (I'd like to go to the) Korean Embassy, please.
  아이드 라잌 투 고우 투 더 커리언 엠버씨 플리이즈

- Do you know how to drive?
  두 유 노우 하우 투 드라이브
- I've just got my license.
  아이브 저스트 갓 마이 라이센스

- 이 버스 서울역 갑니까?
- 아니오, 401번 버스 타셔야 해요.

- 어디로 모실까요, 손님?
- 한국 대사관으로 가주세요.

- 운전할 줄 아세요?
- 이제 막 운전면허를 땄어요.

Words
station 역 | **take** 타다 | **embassy** 대사관 | **license** 면허

Tip
자동차 용어에 대해 자세히 알아볼까요?
rearview mirror 백미러 | **sideview mirror** 사이드미러 | **hood** 보닛 | **turn signal** 깜빡이 | **licence plate** 번호판 | **steering wheel** 핸들 | **dashboard** 계기반 | **gearshift** 변속 레버 | **stick shift** 수동 레버 | **gas pedal** 액셀

26 도로에서

- **alley** 앨리 — 좁은 길, 뒷골목
- **avenue** 애버뉴 — 큰길
- **bus lines** 버스 라인즈 — 버스 노선
- **central streets** 센트럴 스트릿츠 — 중심가
- **corner** 코오너 — 모퉁이
- **crosswalk** 크로스워억 — 횡단보도
- **downtown** 다운타운 — 번화가
- **high way** 하이 웨이 — 고속도로
- **intersection** 인터섹션 — 교차점
- **lane** 레인 — 통로, 길
- **main street** 메인 스트릿 — 중심도로
- **pedestrian** 퍼데스트리언 — 보행자
- **plaza** 플라저 — 광장
- **residential area** 레저덴셜 에어리어 — 주거 지역
- **sidewalk** 싸이드워억 — 보도
- **signal** 씨그널 — 신호
- **street sign** 스트릿 싸인 — 도로 표지판
- **street light** 스트릿 라잇 — 가로등
- **toll gate** 토울 게잇 — 톨게이트
- **toll road** 토울 로우드 — 유료도로

Conversations

- Oh! We're in the wrong lane.
- May I be your navigator?

- Sir, you ignored a stop sign.
- Please have a heart.

- This main street is jammed up.
- I wonder if there's an accident or something.

- 이런! 길을 잘못 들었어요.
- 제가 지도를 봐드릴까요?

- 선생님께서는 정지 신호를 무시하셨습니다.
- 한번만 봐주세요.

- 이 주도로가 아주 꽉 막혔어.
- 사고 같은 게 난 게 아닐까?

wrong 틀린 | **navigator** 길 안내해 주는 사람, 기계 | **ignore** 무시하다 | **stop sign** 정지 신호 | **wonder** ~이 아닐까 생각하다 | **accident** 사고

rage는 우리말로 '열받음'이라고 할 수 있는데요. 충동적이고 감정적인 시비를 말해요. road rage라고 하면 교통 정체, 접촉사고, 바싹 붙어 운전하기, 끼어들기, 경적 울리기 등 운전 때문에 길에서 빚어지는 시비를 말한답니다. parking rage라고 하면 주차공간을 두고 벌어진 시비를 말하구요.

27 열차와 선박

- **cabin** 캐빈 — 선실
- **conductor** 컨덕터 — 차장
- **dining car** 다이닝 카아 — 식당차
- **disembark** 디셈바악 — 하선하다
- **entrance** 엔트런스 — 입구
- **express** 익스프레스 — 급행
- **ferry** 페리 — 연락선
- **gate** 게일 — 개찰구
- **harbor/port** 하아버/포오트 — 항구
- **kiosk** 키아스크 — 매점
- **limited express** 리미티드 익스프레스 — 구간 급행
- **local train** 로우컬 트레인 — 완행 열차
- **platform** 플랫포옴 — 플랫폼, 승차대
- **railroad** 레일로우드 — 철도
- **refund** 리펀드 — 환불하다
- **shelf** 쉘프 — 선반
- **sleeping car** 슬리이핑 카아 — 침대차
- **stop over** 스탑 오우버 — 잠깐 들르다, 경유
- **track** 트랙 — 선로
- **vending machine** 벤딩 머쉬인 — 자판기

Conversations

- Where is the **booking office**?
  (웨어 이즈 더 북킹 오피스)
- It's over there, next to the vending machines.
  (잍츠 오우버 데어 넥스트 투 더 벤딩 머쉰즈)

- One **round trip ticket** to Paris, please.
  (원 라운드 트립 티켙 투 패리스 플리이즈)
- Here it is.
  (히어 잍 이즈)

- Has the last **train** for Milano arrived?
  (해즈 더 래스트 트레인 퍼 밀라노 어라이브드)
- The train is ten minutes behind schedule.
  (더 트레인 이즈 텐 미니츠 비하인드 스케줄)

- 매표소가 어디입니까?
- 저쪽이에요. 자판기 옆에요.

- 파리행 왕복표 한 장 주세요.
- 여기 있습니다.

- 밀라노행 마지막 기차가 도착했나요?
- 그 열차는 10분 연착합니다.

---

booking office 매표소 | **round trip ticket** 왕복표 | **behind schedule** 예정보다 늦게

28 식당에서 [1]

- **atmosphere** 앨머스피어   분위기
- **chef** 쉐프   요리사, 주방장
- **cozy** 코우지   아늑한, 아담한
- **delicious** 딜리셔스   맛있는
- **dinner show** 디너 쇼우   디너쇼
- **doggie bag** 더기 백   포장 봉지
- **dressing** 드레싱   드레싱, 소스
- **drink** 드링크   음료
- **entree** 안트레이   주 요리
- **go Dutch** 고우 더치   각자 부담하다
- **gorgeous** 고어져스   화려한, 훌륭한
- **help oneself to** 헬프 원셀프 투   마음껏 먹다
- **main dish** 메인 디쉬   주 요리
- **medium** 미디엄   중간 정도로 구워진
- **menu** 메뉴우   메뉴, 차림표
- **my treat** 마이 트리잍   한턱
- **rare** 레어   덜 익힌
- **waiting list** 웨이팅 리스트   대기자 명단
- **well-done** 웰 던   잘 익힌

Conversations

- Are you ready to order now?
  (아 유 레디 투 오오더 나우)
- Do you have a menu in Korean?
  (두 유 해브 어 메뉴우 인 커리언)

- How would you like your steak done?
  (하우 우드 유 라잌 유어 스테잌 던)
- Medium, please.
  (미디움 플리이즈)

- What kind of dressing would you like on your salad?
  (왙 카인드 오브 드레싱 우드 유 라잌 온 유어 샐러드)
- Thousand island dressing, please.
  (싸우전드 아일랜드 드레싱 플리이즈)

- 주문하시겠습니까?
- 한국어로 된 메뉴 있나요?

- 스테이크를 어느 정도로 구워 드릴까요?
- 중간 정도로 구워 주세요.

- 샐러드에 어떤 드레싱을 드릴까요?
- 싸우전드 아일랜드 드레싱으로 주세요.

order 주문하다 | **salad** 샐러드

레스토랑은 보통 자리에 앉아 음식을 주문해 먹는 곳이고, 카페테리아는 손님이 좋아하는 음식을 가져다 먹는 셀프 서비스 간이 식당을 말해요. 델리카테슨은 줄여서 보통 델리라고 하는데요, 큰 슈퍼마켓이나 백화점 안에 있는 스낵 코너를 말해요. 커피점에서는 커피 같은 음료와 함께 샌드위치, 토스트, 도넛 등으로 간단한 식사를 할 수 있지요.

29 식당에서²

- **aperitif** 아페러티프 — 식사 전의 술
- **appetizer** 애퍼타이저 — 식욕을 돋우는 음식(술)
- **beverage** 베버리쥐 — 음료수
- **champagne** 샴페인 — 샴페인
- **Cheers!** 치어스 — 건배!
- **dessert** 디져얼 — 디저트, 후식
- **diet** 다이얼 — 식사 제한(하다)
- **mineral water** 미너럴 워터 — 미네랄 워터, 광천수
- **napkin** 냅킨 — 냅킨, 휴지
- **native local foods** 네이티브 로우컬 푸우즈 — 향토 음식
- **order** 오오더 — 주문하다
- **reserve** 리져어브 — 좌석을 예약하다
- **restaurant** 레스터런트 — 식당
- **setting** 세팅 — 식기 한 벌
- **sea food** 씨이 푸우드 — 해산물 요리
- **sherry** 쉐리 — 셰리(스페인산 백포도주)
- **specialty** 스페셜티 — 전문 요리
- **table manners** 테이블 매너즈 — 식탁 예절
- **vegetarian** 베저테어리언 — 채식주의자(의)
- **waiter** 웨이터 — 웨이터

Conversations

- **What would you like to drink?**
  왓 우드 유 라잌 투 드링크
- **Just some water, please.**
  저스트 썸 워터 플리즈

- **Would you like the buffet or a menu?**
  우드 유 라잌 더 버페이 오어 어 메뉴우
- **I'll take the buffet.**
  아일 테잌 더 버페이

- **What would you like for dessert?**
  왓 우드 유 라잌 퍼 디져얼
- **I'll have chocolate ice cream, please.**
  아일 해브 쵸콜릿 아이스 크리임 플리즈

- 마실 것은 무엇으로 하시겠습니까?
- 그냥 물 주세요.

- 뷔페식으로 드시겠습니까 메뉴로 하시겠습니까?
- 뷔페식으로 하겠습니다.

- 디저트는 무엇으로 하시겠습니까?
- 초콜릿 아이스크림 주세요.

drint 마시다 | **buffet** 뷔페

우리나라에서는 식사 중 재채기를 하는 건 예의에 어긋나는 행동이 아니지만 코 푸는 것은 예의 없는 행동이라고 할 수 있죠. 하지만 서양에서는 반대로 코 푸는 것은 괜찮지만 재채기하는 것은 아주 싫어한답니다.

30 술집에서

- bar 바아 / 술집
- bartender 바아텐더 / 바텐더
- beer 비어 / 맥주
- Bottoms up! 바텀즈 엎 / 건배!
- bourbon whiskey 버번 위스키 / 버번 위스키
- cigarette/tobacco 씨거렡/터배코우 / 담배
- cocktail 칵테일 / 칵테일
- cognac 코우냑 / 코냑
- get drunk 겓 드렁크 / 취하다
- gin 진 / 진(술)
- go drinking 고우 드링킹 / 술 마시러 가다
- heavy drinker 헤비 드링커 / 술 고래
- light drinker 라잍 드링커 / 술에 약한 사람
- neat 니읕 / 순수한(물 타지 않은)
- on the rocks 언 더 랔스 / 얼음 위에 부은
- pub 펍 / 술집, 목로주점
- rum 럼 / 럼주
- wine 와인 / 포도주
- whiskey 위스키 / 위스키
- whiskey and soda 위스키 앤드 소우더 / 하이볼, 위스키소다

Conversations

- Got time for a quick one?
- I don't touch alcohol.

- It's not good for you to drink on an empty stomach.
- Yeah. I feel sick.

- Would you like to move to another bar?
- Okay. Let's move to a more lively bar!

- 간단히 한잔 할래요?
- 저는 술을 못합니다.

- 빈 속에 술 마시는 것은 좋지 않아요.
- 네, 속이 안 좋아요.

- 다른 술집으로 옮길까?
- 좋아. 더 신나는 술집으로 가자!

touch (음식, 물에) 손을 대다 | **alcohol** 술 | **empty** 빈 | **stomach** 위 | **sick** 메스꺼운, 아픈 | **lively** 활발한, 신나는

31 요리¹

☐ **bake** 베이크		굽다
☐ **boil** 보일		끓이다, 삶다
☐ **broil** 브러일		(고기 따위를) 불에 굽다
☐ **calorie** 캘러리		칼로리
☐ **chop** 찹		저미다, 썰다
☐ **cookbook** 쿡북		요리책
☐ **cooking** 쿠킹		요리
☐ **cut up** 컽엎		도마질
☐ **deep-fry** 딮 프라이		기름에 넣고 튀기다
☐ **dice** 다이스		주사위 모양으로 썰다
☐ **dish** 디쉬		일품요리
☐ **fry** 프라이		튀기다
☐ **frying pan** 프라잉 팬		프라이팬
☐ **grill** 그릴		(고기 따위를) 석쇠로 굽다
☐ **knead** 니이드		반죽하다
☐ **mix** 믹스		섞다
☐ **nourishment** 너리쉬먼트		영양
☐ **recipe** 레서피		조리법
☐ **season** 시젼		양념
☐ **taste** 테이스트		맛

Conversations

🔊 What's for breakfast?
   왈츠 퍼 브랙퍼스트

🔊 We're having toast and boiled eggs.
   위어 해빙 토우스트 앤드 보일드 에그스

🔊 What is bulgogi?
   왈 이즈 불고기

🔊 It is broiled meat.
   잍 이즈 브로일드 미잍

🔊 Give me the recipe for this cake?
   기브 미 더 레서피 퍼 디스 케잌

🔊 Oh, it is very easy.
   오우 잍 이즈 베리 이이지

 아침이 뭐예요?
 토스트와 삶은 계란이에요.

 불고기가 뭐예요?
 구운 고기예요.

 이 케이크 만드는 법 가르쳐 주실래요?
 아, 진짜 쉬워요.

Words
breakfast 아침 | **toast** 구운 빵 | **meat** 고기

Tip
식성이 까다로운 사람을 a picky eater라고 해요. picky 대신 choosy 또는 finicky 라고도 합니다. 반대로 독약만 빼고 아무거나 잘 먹는 사람은 He eats anything. 또는 무슨 음식이든 만들어주면 불평없이 잘 먹는 사람을 He's easy to cook for. 라고 해요.

32 요리²

□ **beat**	비잍	(달걀 등을) 휘저어 섞다
□ **boil down**	보일 다운	졸아들다
□ **bread**	브레드	빵
□ **chill**	치일	식히다, 냉각시키다
□ **cooker**	쿠커	요리 도구(솥, 냄비 등)
□ **core**	코어	(과일의) 속
□ **crumble**	크럼블	빻다(바수다)
□ **crush**	크러쉬	(과즙 등을) 짜내다
□ **defrost**	디이프러스트	(냉동식품을) 녹이다
□ **dip**	딮	담그다, 적시다
□ **double-boil**	더블 보일	중탕하다
□ **grate**	그레잍	강판에 갈다
□ **heat**	히잍	불
□ **pare/peel**	페어/피일	(과일 등의 껍질을) 벗기다
□ **puree**	퓨어레이	퓌레(야채, 고기의 진한 수프)
□ **roast**	로우스트	굽다
□ **sear**	씨어	태우다, 그을리다
□ **soften**	쏘오펀	연하게 하다
□ **steam**	스티임	찌다, 김을 쐬다
□ **strain**	스트레인	걸러내다

Conversations

🅐 **What should I do?**
　왓　슈드　아이 두

🅑 **Peel the oranges in the basket.**
　피일 더 　어린쥐즈 인 더 　배스킽

🅐 **This bread is stale.**
　디스 브레드 이즈 스테일

🅑 **So I dipped the bread in milk.**
　소우 아이 딥트 더 브레드 인 밀크

🅐 **It tastes funny.**
　잍 테이스츠 퍼니

🅑 **I didn't peel the potatoes.**
　아이 디든트 피일 더 포테이토즈

🅐 저는 뭘 할까요?
🅑 바구니에 있는 오렌지 껍질을 벗겨요.

🅐 이 빵은 너무 굳었네요.
🅑 그래서 나는 빵을 우유에 적셔 먹었어요.

🅐 맛이 이상해요.
🅑 감자 껍질을 안 벗겼어요.

basket 바구니 | **stale** 딱딱해진 | **potato** 감자

half-baked는 '반숙'이라는 의미인데 비유적으로 계획이 불완전하거나 생각이 덜 떨어진 경우에도 많이 쓰인답니다.
a half-baked project 불완전한 계획 | **a half-baked idea** 미숙한 생각

33 요리 재료

- **bean** 비인 — 콩
- **beef** 비잎 — 쇠고기
- **cheese** 치이즈 — 치즈
- **chicken** 치큰 — 닭고기
- **cucumber** 큐우컴버 — 오이
- **egg** 에그 — 달걀
- **lamb** 램 — 양(고기)
- **lobster** 랍스터 — 바다가재
- **meat** 미잍 — 고기
- **mushroom** 머쉬룸 — 버섯
- **mutton** 머튼 — 양고기
- **pork** 포옥 — 돼지고기
- **potato** 포테이토 — 감자
- **prawn** 프런 — 참새우
- **rice** 라이스 — 쌀
- **scallop** 스캘럽 — 가리비
- **shellfish** 쉘피쉬 — 조개
- **squid** 스퀴드 — 오징어
- **turkey** 터어키 — 칠면조
- **vegetable** 베져터블 — 채소

Conversations

- What would you recommend?
  (왓 우드 유 레커멘드)
- Chicken is the restaurant's specialty.
  (치킨 이즈 더 레스터런츠 스페셜티)

- I think that squid tastes terrible!
  (아이 씽크 댓 스퀴드 테이스츠 테러블)
- Don't be picky about food.
  (도운트 비 피키 어바웃 푸드)

- What do you want for dinner?
  (왓 두 유 원트 퍼 디너)
- Prawns would be nice.
  (프런즈 우드 비 나이스)

- 어떤 걸 추천하겠어요?
- 치킨이 우리 식당의 전문 요리입니다.

- 나는 오징어 맛이 너무 싫어!
- 음식 가리지 마.

- 저녁으로 뭘 먹겠어요?
- 참새우가 좋을 것 같아요.

recommend 추천하다 | **specialty** 전문, 명물 | **taste** 맛이 나다 | **picky** 까다로운

79

34 향신료와 맛

□ **bitter** 비터	쓴
□ **garlic** 가알릭	마늘
□ **ginger** 쥔줘	생강
□ **hot** 핫	매운
□ **ketchup** 케첩	케찹
□ **mayonnaise** 메이어네이즈	마요네즈
□ **mustard sauce** 머스터드 쏘오스	겨자 소스
□ **pepper** 페퍼	후추
□ **red pepper** 레드 페퍼	고추
□ **saffron** 새프런	샤프란(노란색 향미료)
□ **salt** 쎌트	소금
□ **salty** 쎌티	짠
□ **sauce** 쏘오스	소스
□ **seasoning** 씨이저닝	조미료, 양념
□ **sour** 싸워	신
□ **soy sauce** 쏘이 쏘오스	간장
□ **spice** 스파이스	향신료
□ **sugar** 슈거	설탕
□ **sweet** 스위잍	단, 달콤한
□ **vinegar** 비니거	식초

Conversations

- Do you want some more?
- This is too salty to eat more.

- It smells delicious.
- This flavor came from a berries.

- Melinda ate four pieces of cake.
- She has a sweet tooth.

- 좀 더 먹을래?
- 이것은 너무 짜서 더 못 먹겠어.

- 맛있는 냄새가 나는데.
- 이 향신료는 딸기로 만들었어.

- 멜린다가 케익을 4조각이나 먹었어.
- 그녀는 단것을 좋아해.

---

smell 냄새가 나다 | **delicious** 맛 좋은 | **flavor** 향, 맛 | **berry** 베리 | **piece** 조각 | **tooth** 식성, 기호, 이

beef 는 '소고기' 란 뜻이지만 관사 a를 넣어 a beef 라고 하면 '불평, 불만' 의 의미가 돼요. 레스토랑에서 I have a beef. 라고 잘못 말하면 주방장이나 매니저가 달려올 수도 있답니다. '나는 소고기로 하겠습니다.' 라고 말할 때는 I'll have beef. 라고 해야 해요.

35 음식과 과일

- **avocado** 애버카도우 — 아보카도
- **barbecued pork** 바아비큐우드 포오크 — 돼지고기 바비큐
- **barbecued turkey** 바아비큐우드 터어키 — 칠면조 바비큐
- **beef stew** 비이프 스튜우 — 쇠고기 스튜
- **Caesar salad** 씨이져 샐러드 — 시저 샐러드
- **cream puff** 크리임 퍼프 — 슈크림
- **fig** 피그 — 무화과
- **fried clam** 프라이드 클램 — 튀긴 조개
- **fruit** 프루읕 — 과일
- **grape** 그레잎 — 포도
- **hamburger** 햄버어거 — 햄버거
- **omelet** 아믈릴 — 오믈렛
- **pancake** 팬케이크 — 팬케이크
- **pear** 페어 — 배
- **persimmon** 퍼씨먼 — 감
- **pilaf** 필라프 — 쌀밥(고기 수프로 조리한)
- **refreshments** 리프레쉬먼츠 — 간단한 음식
- **roast chicken** 로우스트 치큰 — 구운 닭고기
- **vegetable soup** 베저터블 수웊 — 야채 수프
- **watermelon** 워터멜런 — 수박

Conversations

- Help yourself.
- My mouth is watering.

- To eat here or to take out?
- To go, please.

- Let's have some refreshments.
- How about some fruit? We have apples and grapes.

- 마음껏 드세요.
- 군침이 도는군요.

- 여기서 드시겠습니까, 가지고 가시겠습니까?
- 가지고 갈 거예요.

- 간단하게 먹자.
- 과일 먹을까? 사과하고 포도가 있어.

watering 침을 흘림 | **take out** 가지고 가다 | **to go** (식당에서) 가져가기 위한

3장

자주 쓰는 일상 단어

36 일상생활	43 집의 내부	50 미용실에서
37 식사하기	44 체형	51 병원에서
38 전화하기	45 패션	52 약국에서
39 인간관계	46 모양내기	53 질병과 증상
40 성격	47 학교생활	54 인체의 구조
41 집안일	48 우체국에서	55 취미와 오락
42 가전제품	49 은행에서	

36 일상생활

- **brush one's teeth** 브러쉬 원스 티이쓰 — 이를 닦다
- **errand** 에런드 — 심부름
- **get off** 겥 오프 — 차에서 내리다
- **get on** 겥 온 — 차에 타다
- **get up** 겥 엎 — 일어나다
- **go for a walk** 고우 퍼 어 워엌 — 산책하다
- **go home** 고우 호움 — 집으로 가다
- **go shopping** 고우 샤핑 — 쇼핑하러 가다
- **go to bed** 고우 투 베드 — 잠자리에 들다
- **go to the bathroom** 고우 투 더 배쓰룸 — 화장실에 가다
- **have a dream** 해브 어 드리임 — 꿈을 꾸다
- **have breakfast** 해브 브렉퍼스트 — 아침을 먹다
- **have lunch** 해브 런치 — 점심을 들다
- **have supper** 해브 써퍼 — 저녁 식사를 하다
- **put on make up** 풑 온 메잌 엎 — 화장하다
- **read a newspaper** 리드 어 뉴스페이퍼 — 신문을 읽다
- **rest** 레스트 — 휴식을 취하다
- **shave** 쉐이브 — 면도하다
- **take a bath** 테잌 어 배쓰 — 목욕하다
- **take a shower** 테잌 어 샤워 — 샤워하다

Conversations

- What time do you get up?
  _{왓 타임 두 유 겥 업}
- I usually get up at 6 o'clock every morning.
  _{아이 유주얼리 겥 업 앹 씩스 어클럭 에브리 모오닝}

- Is she still in the bathroom?
  _{이즈 쉬 스틸 인 더 배쓰룸}
- It takes her long time to put on her make up.
  _{잍 테잌스 허 롱 타임 투 풑 온 허 메잌 엎}

- It's time to go to bed.
  _{잍츠 타임 투 고우 투 베드}
- I don't feel like sleeping.
  _{아이 도운트 피일 라잌 슬리이핑}

- 몇 시에 일어나십니까?
- 보통 매일 아침 6시에 일어납니다.

- 그녀가 아직도 욕실에 있어?
- 그녀는 화장하는 데 시간이 많이 걸려.

- 잘 시간이에요.
- 자고 싶지 않아요.

it take+사람+시간+**to V** 사람이 to V하는 데 ~ 시간이 걸리다 | **feel like ~ing** ~하고 싶다

37 식사하기

- **afternoon tea** 애프터누운 티이   오후의 차(다과회)
- **black coffee** 블랙 커피   (크림, 설탕을 넣지 않은) 커피
- **brunch** 브런취   아침 겸 점심 식사
- **butter** 버터   버터
- **clear the table** 클리어 더 테이블   식탁을 치우다
- **coffee break** 커피 브레잌   휴식 시간
- **cook for oneself** 쿡 퍼 원셀프   자취하다
- **dairy products** 데어리 프라덕츠   유제품
- **delicious** 딜리셔스   맛있는
- **food color** 푸우드 컬러   식용 색소
- **have enough** 해브 이너프   충분히 먹다
- **hungry** 헝그리   배고픈
- **marmalade** 마아멀레이드   오렌지잼
- **meal** 미일   식사
- **prepare meal** 프리페어 미일   식사를 준비하다
- **preserves** 프리저어브즈   보존식품
- **snack** 스낵   간식
- **strong coffee** 스트롱 커피   진한 커피
- **supper/dinner** 써퍼/디너   저녁, 정찬
- **thirsty** 써스티   목마른

Conversations

- Would you like to come over for dinner?
- Thanks. Shall I bring something?

- Help yourself to more chicken.
- No, thank you. I'm full.

- It's been nice talking to you.
- I really enjoyed your company, too.

- 저녁 식사하러 오시겠어요?
- 고마워요. 제가 뭘 좀 가져갈까요?

- 닭고기 더 드세요.
- 감사합니다만, 많이 먹었습니다.

- 함께 얘기 나누어서 정말 좋았습니다.
- 와 주셔서 저도 즐거웠습니다.

come over 오다 | **full** 충분한 | **company** 교제, 사교

38 전화하기

- **answering machine** 앤써링 머쉬인 — 자동응답기
- **be on another line** 비 온 어너더 라인 — 다른 전화를 받고 있다
- **call back** 코올 백 — 다시 걸다
- **collect call** 컬렉트 코올 — 수신자 부담 통화
- **dial** 다이얼 — 전화를 걸다
- **extension** 익스텐션 — 내선
- **hold on** 호울드 온 — (전화를) 들고 기다리다
- **information** 인퍼메이션 — 번호안내
- **international call** 인터내셔널 코올 — 국제전화
- **Is this ~?** 이즈 디스 — (누구)~십니까? (전화)
- **Line is busy.** 라인 이즈 비지 — 통화 중입니다.
- **local call** 로우컬 코올 — 시내전화
- **long-distance call** 롱 디스턴스 코올 — 장거리 전화
- **operator** 아퍼레이터 — 교환원
- **pay phone** 페이 포운 — 공중전화
- **person-to-person** 퍼어슨 투 퍼어슨 — 지명 통화의
- **phone book** 포운 북 — 전화번호부
- **station-to-station** 스테이션 투 스테이션 — 번호 통화의
- **telephone booth** 텔러포운 부우쓰 — 공중 전화 부스
- **wrong number** 렁 넘버 — 틀린 번호

Conversations

Hello, could I please speak to James?
헬로우 쿠드 아이 플리즈 스픽 투 제임스

He is on another line.
히 이즈 온 어너더 라인

The phone's ringing.
더 폰즈 링잉

I will get it.
아이 윌 겟 잍

Hello. Is Kathy there?
헬로우 이즈 캐씨 데어

You have the wrong number.
유 해브 더 렁 넘버

- 여보세요, 제임스와 통화할 수 있을까요?
- 그는 지금 다른 전화를 받고 있습니다.

- 전화 왔어요.
- 제가 받겠습니다.

- 여보세요. 캐시 있어요?
- 전화 잘못 거셨습니다.

get it 걸려온 전화를 받다

영어로 **burn up the line** 이라고 하면 한없이 수화기를 붙잡고 얘기하는 것을 의미해요. 또 **burn up the lines** 는 뻔질나게 전화하는 것을 말한답니다. 상대편이 그런다면 이렇게 말해 보세요.
I'd better not burn up the line. 얘기가 너무 길어진 것 같은데 이만 끊어야겠어요.

39 인간관계

be crazy about	비 크레이지 어바웉	~에 홀딱 빠지다
be drawn to	비 드런 투	~에 마음이 끌리다
be enchanted by	비 인챈티드 바이	~에 홀리다
be in love with	비 인 러브 위드	~와 사랑에 빠지다
break up	브레잌 엎	헤어지다
broken-hearted	브로우큰 하아티드	실연해서 마음 아픈
commit oneself	커밑 원셀프	태도를 분명히 하다
encounter	인카운터	시합, 만남
go steady with	고우 스테디 위드	한 사람과만 사귀다
have a date	해브 어 데잍	데이트하다
have an affair	해브 언 어페어	바람 피우다
just a friend	져스트 어 프렌드	단순한 친구
one's type	원스 타잎	좋아하는 형(타입)
partner	파아트너	배우자(짝)
patch up with	패치 엎 위드	화해하다
perfect match	퍼어픽트 매취	완벽한 상대(결혼)
shack up with	쉨 엎 위드	동거하다
smug	스먹	독선적인, 멋진
split up	스플맅 엎	헤어지다(이별하다)
turn down	터언 다운	거절하다, 기각하다

Conversations

- She will make a perfect match for you.
- Please stop playing matchmaker.

- They are in love with each other.
- Yeah. They are made for each other.

- Are you still going out with her?
- I'm done with her.

- 그녀는 너의 아내로서 더 할 나위 없는 상대야.
- 중매쟁이 짓 그만 하세요.

- 그들은 서로 사랑한다니까요.
- 그래요. 정말 천생연분이에요.

- 여전히 그녀와 잘 되어가니?
- 끝냈어.

matchmaker 중매쟁이 | **each other** 서로 | **be done with** ~와 관계를 끊다, 그만 두다

40 성격

- **brave** 브레이브 — 용감한
- **character** 캐릭터 — 성격
- **cheerful** 치어풀 — 즐거운
- **diligent** 딜리젼트 — 부지런한
- **dishonest/honest** 디스아니스트/아니스트 — 부정직한/정직한
- **flexible** 플렉서블 — 유연한
- **gloomy** 글루우미 — 우울한
- **intelligent** 인텔러젼트 — 지적인
- **lazy** 레이지 — 게으른
- **noble** 노우블 — 고상한
- **optimistic** 압터미스틱 — 낙천적인
- **personality** 퍼어슨낼러티 — 개성
- **pessimistic** 페서미스틱 — 비관적인
- **selfish** 쎌피쉬 — 이기적인
- **sociable** 쏘우셔블 — 사교적인
- **strict** 스트릭트 — 엄격한
- **stubborn** 스터번 — 고집스러운
- **stupid** 스튜우피드 — 어리석은
- **timid** 티미드 — 소심한
- **vulgar** 벌거 — 천박한

Conversations

- He is shrewd in business.
- He's very talented, but he's egotistical.

- What's he like?
- He is really stuck-up.

- He works hard to maintain his reputation.
- He is not that kind of man.

- 그는 사업에 빈틈이 없어.
- 그는 매우 유능하지만, 이기적이야.

- 그 사람 어때?
- 정말 건방진 사람이야.

- 그는 명예를 유지하기 위해 열심히 일해.
- 그런 사람이 아닌데.

shrewd 빈틈없는 | **talented** 재능 있는, 유능한 | **egotistical** 이기적인 | **be stuck-up** 거만한, 건방진 | **maintain** 유지하다 | **reputation** 명성, 평판

41 집안일

- **broom** 브루움 — 빗자루(청소도구)
- **button** 버튼 — 단추
- **change sheets** 체인쥐 쉬이츠 — 시트를 바꾸다
- **cleaning** 클리이닝 — 청소
- **decorate** 데커레잍 — 장식하다
- **dry** 드라이 — 말리다
- **duster** 더스터 — 먼지떨이
- **gimlet** 김맅 — 송곳
- **hammer** 해머 — 망치
- **housewife** 하우스와이프 — 주부
- **housework** 하우스워엌 — 가사일
- **iron/press** 아이언/프레스 — 다림질하다
- **laundry** 런드리 — 빨래
- **nail** 네일 — 못
- **polish** 팔리쉬 — 닦다
- **saw** 쏘오 — 톱질하다
- **sew** 쏘우 — 바느질하다
- **shovel** 서벌 — 삽
- **sweep** 스위잎 — 청소하다
- **vacuum** 배큐엄 — (진공 청소기로) 청소하다

Conversations

- Have you done the laundry?
- Of course, I am pressing my trousers now.

- Our laundry has piled up.
- What a swot! Doing the housework is a full-time job.

- Will you send these clothes to dry-cleaner?
- I hand-wash my underwear.

● 빨래 다 했니?
● 당연하지. 지금 바지를 다리고 있는걸.

● 빨랫감이 쌓였어.
● 어휴! 집안일은 하루 종일 해야 해.

● 이 옷들 세탁소로 보낼 거야?
● 나는 속옷은 손빨래를 해.

trousers 바지 | **swot** 힘든 일 | **pile up** 쌓다 | **hand-wash** 손빨래

42 가전제품

- **air conditioner** 에어 컨디셔너 — 에어컨
- **coffee maker** 커피 메이커 — 커피 메이커
- **compact disk** 컴팩트 디스크 — 씨디(CD)
- **dishwasher** 디쉬워셔 — 식기세척기
- **drier** 드라이어 — 건조기
- **electric blanket** 와싱 머쉰 — 전기 담요
- **electric fan** 일렉트릭 팬 — 선풍기
- **flashlight** 플래쉬라잍 — 손전등
- **fuse** 퓨우즈 — 퓨즈
- **humidifier** 휴우미더파이어 — 가습기
- **microwave oven** 마이크로웨이브 어번 — 전자 레인지
- **outlet** 아울렡 — 콘센트, 직판점
- **personal computer** 퍼어서늘 컴퓨우터 — 개인 컴퓨터
- **razor** 레이저 — 면도칼, 면도기
- **refrigerator** 리프리져레이터 — 냉장고
- **switch off** 스위취 오프 — (스위치를) 끄다
- **switch on** 스위취 온 — (스위치를) 켜다
- **television** 텔러비젼 — 텔레비전
- **vacuum cleaner** 배큐움 클리너 — 진공 청소기
- **washing machine** 워싱 머쉰 — 세탁기

Conversations

- This washing machine needs to be repaired.
- Again? Let's buy a new one.

- The garbage disposal is on the blink again.
- The extension cord was unplugged.

- What if we get burgled while we're on holiday.
- Leave the light on.

- 이 세탁기 수리해야겠어.
- 또? 새 거 하나 사자.

- 쓰레기 처리기가 또 말썽이에요.
- 연장 코드의 플러그가 빠졌네.

- 휴가 중에 도둑이라도 들면 어쩌지?
- 불을 켜놔.

repare 수리하다 | **garbage** 쓰레기 | **disposal** 처리 | **on the blink** 못쓰게 되어 | **extension cord** 연장 코드 | **unplugged** 플러그가 빠진 | **burgle** 침입하여 강탈하다

43 집의 내부

□ **attic** 애틱	다락방
□ **back door** 백 도어	뒷문
□ **basement** 베이스먼트	지하실
□ **bathroom** 배쓰룸	욕실
□ **bedroom** 베드룸	침실
□ **ceiling** 씨일링	천장
□ **dining room** 다이닝 룸	식당
□ **downstairs** 다운스테어스	아래층
□ **fireplace** 파이어플레이스	벽난로
□ **floor** 플로어	바닥, 마루
□ **front** 프런트	현관
□ **grass** 그래스	잔디
□ **hallway** 호올웨이	복도
□ **living room** 리빙 룸	거실
□ **pillar** 필러	기둥
□ **sink** 씽크	(부엌의) 씽크대 구멍
□ **steps** 스텝스	계단
□ **the first floor** 더 퍼스트 플로어	1층(영국 ground floor)
□ **upstairs** 업스테어스	위층
□ **yard** 야아드	마당

Conversations

- The kitchen sink is clogged up.
- I'll call a repairman.

- The roof leaks rain.
- We had to replace the roof.

- Chris went downstairs, shouting loudly.
- There was a rat in her room.

- 싱크대가 막혔어요.
- 수리공 부를게요.

- 지붕에서 비가 새.
- 지붕을 바꿔야겠다.

- 크리스가 소리지르면서 아래층으로 내려갔어.
- 걔 방에서 쥐가 나왔거든.

kitchen sink 싱크대 | **clogged up** 막히다 | **repairman** 수리공 | **roof** 지붕 |
leak 새다 | **shout** 소리지르다 | **rat** 쥐

44 체형

- **attractive** 어트랙티브 — 매력적인
- **average-looking** 애버리쥐 루킹 — 평범한 외모의
- **bald** 보올드 — 대머리의
- **beautiful** 뷰티폴 — 아름다운
- **blond** 블론드 — 금발의
- **bowlegged** 보우 레그드 — O자형으로 휜
- **fat** 팻 — 뚱뚱한
- **frame** 프레임 — 골격
- **good-looking** 굳 루킹 — 보기 좋게 생긴
- **handsome** 핸썸 — 잘생긴
- **healthy/strong** 헬씨/스트롱 — 건강한
- **height/weight** 하잍/웨잍 — 신장/몸무게
- **homely** 호움리 — 검소한 (못생긴)
- **lean** 리인 — 마른
- **plump** 플럼프 — 살찐
- **pot-bellied** 팟 벨리드 — 배가 나온
- **slender** 슬렌더 — 날씬한
- **stout** 스타웉 — 튼튼한
- **ugly** 어글리 — 못생긴
- **weak** 위익 — 허약한

Conversations

- Can you tell me what she looks like?
  _{캔 유 텔 미 왓 쉬 룩스 라잌}
- She has fattened up.
  _{쉬 해즈 패튼드 엎}

- Your grandmother is as strong as ever.
  _{유어 그랜드머더 이즈 애즈 스트롱 애즈 에버}
- She is stout.
  _{쉬 이즈 스타웃}

- I'm trim and slender.
  _{아임 트림 앤드 슬렌더}
- You can think what you want.
  _{유 캔 띵크 왓 유 원트}

- 그 여자 어떻게 생겼는지 말해 줄 수 있어요?
- 그녀는 통통하게 살이 쪘어요.

- 할머니께서 여전히 원기왕성하시네요.
- 튼튼하세요.

- 나는 날씬하고 호리호리합니다.
- 착각은 자유지.

Words

trim 날씬한

Tip

영국에서는 homely 가 '가정적이고 쾌적한'의 뜻으로 쓰이지만 미국에서는 '보기 흉한'의 뜻으로 쓰여요. 영국에서 Your wife is homely. 라고 하면 '당신 부인은 가정적이군요.'의 뜻이지만 똑같은 문장이라도 미국에서는 '당신 부인의 솜씨는 형편없습니다.'의 뜻이 돼 버린답니다.

45 패션

- **Bermuda shorts** 버뮤우더 쇼오츠 — 반바지
- **beret** 버레이 — 베레모
- **blouse** 블라우스 — 블라우스
- **brassiere** 브러지어 — 브래지어
- **dress shirt** 드레스 셔어츠 — 정장용 와이셔츠
- **gloves** 글로브즈 — 장갑
- **hat** 햍 — 모자
- **jacket** 재킽 — 재킷
- **jeans** 쥐인즈 — 진
- **necktie** 넥타이 — 넥타이
- **panties** 팬티즈 — 팬티
- **pants / trousers** 팬츠 / 트라우져즈 — 바지
- **panty hose** 팬티 호우즈 — 팬티스타킹
- **ready-made clothes** 레디 메이드 클로우즈 — 기성복
- **skirt** 스커어트 — 치마
- **socks** 싻스 — 양말
- **suit** 슈읕 — 정장
- **sweater** 스웨터 — 스웨터
- **tuxedo** 턱씨이도우 — 턱시도
- **underwear** 언더웨어 — 속옷

Conversations

- Can you alter this hat?
- Yes. It'll take about four days.

- This jacket is a favorite of mine.
- That jacket looks good on you.

- Peter left home dressed in a fine black suit.
- He must have a blind date!

- 이 모자 고쳐 줄 수 있나요?
- 네. 4일 정도 걸릴 겁니다.

- 이 재킷은 내가 가장 좋아하는 옷이야.
- 그 재킷 너에게 잘 어울린다.

- 피터가 멋진 검정색 양복을 입고 집을 나서던데.
- 그 녀석 소개팅하나 보다!

alter (의복 등을) 고치다 | **favorite** 매우 좋아하는 | **fine** 멋진, 훌륭한 | **blind date** 소개팅

46 모양내기

- **beard** 비어드 — 턱수염
- **brush** 브러쉬 — (머리를) 빗다
- **comb** 코움 — 빗
- **cosmetics** 커즈메틱스 — 화장품
- **do one's hair** 두 원즈 헤어 — 머리 치장을 하다
- **dress** 드레스 — 옷, 옷을 입다
- **dress up** 드레스 업 — 잘 차려 입다
- **lipstick** 립스틱 — 립스틱
- **lotion** 로우션 — 로션
- **mirror** 미러 — 거울
- **moustache** 머스태쉬 — 콧수염
- **perfume** 퍼퓨움 — 향수
- **put on/wear** 풋 온/웨어 — (옷 등을) 입다
- **shampoo** 샘푸우 — 머리를 감다
- **soap** 소웁 — 비누
- **take off** 테잌 오프 — 벗다
- **toothbrush** 투쓰브러쉬 — 칫솔
- **toothpaste** 투쓰페이스트 — 치약
- **towel** 타우얼 — 수건
- **trim one's nails** 트림 원스 네일즈 — 손톱을 깎다

Conversations

🔊 She is a classy dresser.
쉬 이즈 어 클래시 드레서

🔊 She's gorgeous.
쉬즈 고오져스

🔊 This bottle contains perfumed mud.
디스 바틀 컨테인스 퍼퓸드 머드

🔊 It smells nice.
잍 스멜스 나이스

🔊 How does this hat look on me?
하우 더즈 디스 햍 룩 온 미

🔊 The color brings out your eyes.
더 컬러 브링스 아웉 유어 아이즈

🔊 그 여자는 멋쟁이야.
🔊 그녀는 정말 멋져.

🔊 이 병에는 향기 나는 진흙이 들어 있어요.
🔊 좋은 향이 나네요.

🔊 이 모자 나한테 어때요?
🔊 색이 눈을 돋보이게 하네요.

---

classy 고급인, 멋진 | **gorgeous** 멋진, 화려한 | **contain** 담고 있다 | **mud** 진흙 | **bring out** (빛깔, 성질 등을) 드러나게 하다

자기 딴에는 실력 좀 발휘해 보려고 하는데 다른 사람이 나서는 바람에 주저앉게 되는 경우를 우리말로 '스타일 구기게 하다'라고 하죠? 이 말은 영어로 어떻게 할까요? '경련을 일으키게 하다, 구석방에 처박다'라는 뜻의 **cramp** 를 써서 **You cramped my style.** (네가 내 스타일 구겨놨어.)라고 해요.

47 학교생활

- **college student** 칼리쥐 스튜우든트 — 대학생
- **compulsory education** 컴펄서리 에쥬케이션 — 의무 교육
- **course** 코오스 — 과정
- **curriculum** 커리큘럼 — 교과 과정
- **education** 에쥬케이션 — 교육
- **elementary school** 엘러멘터리 스쿠울 — 초등학교
- **entrance exam** 엔트런스 이그잼 — 입학 시험
- **freshman** 프레쉬먼 — 1학년생
- **grade** 그레이드 — 학년
- **graduation thesis** 그래쥬에이션 띠시스 — 졸업 논문
- **Ivy league** 아이비 리그 — 명문 대학(미국)
- **junior** 쥬니어 — 3학년생
- **kindergarten** 킨더가튼 — 유치원
- **lecture** 렉쳐 — 강의(하다)
- **major in** 메이져 인 — 전공하다
- **middle(high) school** 미들(하이) 스쿨 — 중(고등)학교
- **semester** 시메스터 — 한 학기
- **senior** 씨니어 — 4학년생
- **sophomore** 사퍼모어 — 2학년생
- **university** 유니버서티 — 대학교

Conversations

- I have a **math final** tomorrow.
- It will work out all right.

- I will take an **entrance exam** next week.
- Take your examination with confidence.

- What did you **major in** at the **university**?
- I majored in **electronics**.

- 나는 내일 수학 기말시험이 있어.
- 어떻게 잘될 거야.

- 나는 다음 주에 입학 시험을 치를 거야.
- 자신감을 가지고 시험 봐.

- 대학에서의 전공은 무엇입니까?
- 전자공학을 전공했습니다.

math 수학 | **final** 기말시험 | **examination** 시험 | **confidence** 자신감 | **electronics** 전자공학

48 우체국에서

- **by sea mail** 바이 씨이 메일   배편으로
- **by airmail** 바이 에어메일   항공편으로
- **by express** 바이 익스프레스   속달로
- **envelope** 엔벌로웊   봉투
- **excess** 엑세스   초과
- **mail** 메일   우편
- **mailbox** 메일박스   우편함
- **money order** 머니 오오더   우편환
- **parcel** 파아슬   소포
- **post office** 포우스트 어피스   우체국
- **postage** 포우스티쥐   우편 요금
- **postcard** 포우스트카아드   엽서
- **postman** 포우스트먼   우편 집배원
- **postmark** 포우스트마아크   소인
- **registered mail** 레지스터드 메일   등기 우편
- **special delivery** 스페셜 딜리버리   속달
- **stamp** 스탬프   우표
- **telegram** 텔리그램   전보(telegraph)
- **weight** 웨일   중량
- **zip code** 짚 코우드   우편 번호

Conversations

- Please send this **letter by airmail**.
- Let me weigh it. It will be 21 dollars.

- How long does it take to reach Germany?
- It's takes about a week.

- How much is this **letter**?
- It is 80 cents. It's safer to send things by **registered mail**.

- 이 편지를 항공편으로 보내주세요.
- 무게를 달아볼게요. 21달러입니다.

- 독일까지 얼마나 걸립니까?
- 일주일쯤 걸립니다.

- 이 편지 부치는 데 얼마죠?
- 80센트입니다. 등기 우편으로 보내는 것이 좀더 안전하세요.

reach ~에 도착하다 | **safer** 보다 안전한

49 은행에서

- **account number** 어카운트 넘버   계좌 번호
- **bank** 뱅크   은행
- **bank card** 뱅크 카아드   은행 카드
- **bankbook** 뱅크북   예금통장
- **bill** 빌   지폐
- **cash** 캐쉬   현금
- **change A into B** 췌인쥐 A 인투 B   A를 B로 바꾸다
- **check** 쉑   수표
- **coin** 코인   동전
- **deposit** 디파짙   예금하다(보증금을 치르다)
- **dollar** 달러   달러
- **exchange** 익스체인지   환전(하다)
- **exchange rate** 엑스체인지 레이트   환율
- **exchange A for B** 익스체인지 A 퍼 B   A를 B와 환전하다
- **interest** 인터레스트   이자
- **loan** 로운   대부, 돈을 빌림
- **open an account** 오우픈 언 어카운트   구좌를 개설하다
- **remit** 리밑   송금하다
- **teller** 텔러   은행원
- **time deposit** 타임 디파짙   정기예금

Conversations

- What's the **exchange rate** today?
- It's 1,300 won per U.S. dollar.

- I want to open an **account** with this **bank**.
- May I see your identification?

- I need to collect **cash** from an ATM.
- A bankcard is convenient for getting **cash**.

- 오늘 환율이 얼마입니까?
- 1달러에 1,300원입니다.

- 이 은행에 구좌를 개설하고 싶습니다.
- 신분증 좀 보여 주시겠습니까?

- 나 현금인출기에서 돈 뽑아야 해.
- 현금 인출에는 은행 카드가 편리하지.

identification 신분증 | **collect** 가져오다 | **ATM(automated teller machine)** 현금지급기 | **convenient** 편리한

50 미용실에서

- **bangs** 뱅스 — 단발 모양의 앞머리
- **barbershop** 바아버샵 — 이발소
- **beauty shop** 뷰티 샵 — 미용실
- **braid** 브레이드 — (머리를) 땋다
- **clippers** 클리퍼스 — 이발기계
- **curly hair** 커얼리 헤어 — 곱슬머리
- **dye** 다이 — 염색
- **facial treatment** 페이셜 트리일먼트 — 얼굴 마사지
- **hairdo** 헤어두 — 머리 모양
- **head band** 헤드 밴드 — 머리띠
- **hairdresser** 헤어드레서 — 미용사
- **have a haircut** 해브 어 헤어컽 — 머리를 자르다
- **manicure** 매너큐어 — 매니큐어
- **pedicure** 페디큐어 — 발톱 손질을 하다
- **perm** 퍼엄 — 퍼머하다
- **ponytail** 포우니테일 — 묶은 머리
- **rinse** 린스 — 헹구어 내다
- **short hair** 쇼올 헤어 — 단발 머리
- **trim-up** 트림 엎 — 머리 깎기, 다듬기
- **wig** 위그 — 가발

Conversations

- **What style would you like?**
  (왓 스타일 우드 유 라익)
- **Can you perm my hair?**
  (캔 유 퍼엄 마이 헤어)

- **The beauty salon was crowded.**
  (더 뷰티 설란 워즈 크라우디드)
- **I know. I had my hair done at the beauty salon yesterday.**
  (아이 노우. 아이 해드 마이 헤어 던 앳 더 뷰티 설란 에스터데이)

- **Where do you part your hair?**
  (웨어 두 유 파트 유어 헤어)
- **I part it on the left.**
  (아이 파트 잇 온 더 레프트)

- 어떤 스타일로 해드릴까요?
- 퍼머를 해주시겠어요?

- 미용실에 손님이 많았어.
- 알아. 어제 그 미용실에서 머리했어.

- 가르마를 어느 쪽으로 탈까요?
- 왼쪽으로 타주세요.

beauty salon 미용실 | **crowd** 붐비다 | **part** 가르다

'머리를 자르다' 라고 말할 때 **I cut my hair.** 라고 하면 자기 머리를 스스로 잘랐다는 말이 됩니다. 이럴 때는 **I got(had) my hair cut.** 이라고 해야 해요. 그 외에 '머리를 염색했다', '퍼머를 했다' 도 **have one's hair colored** 와 **have one's hair permed** 로 표현해요.

51 병원에서

☐ **allergy** 앨러쥐		알레르기
☐ **blood pressure** 블러드 프레셔		혈압
☐ **clinic** 클리닉		진료소
☐ **consultation** 컨설테이션		진찰
☐ **cure** 큐어		치료
☐ **ENT doctor** 이이엔티이 닥터		이비인후과 의사
☐ **eye doctor** 아이 닥터		안과 의사
☐ **go to the hospital** 고우 투 더 하스피틀		입원하다
☐ **gynecologist** 가이니칼러지스트		산부인과 의사
☐ **hospital** 하스피틀		병원
☐ **leave the hospital** 리이브 더 하스피틀		퇴원하다
☐ **operation** 아퍼레이션		수술
☐ **patient** 페이션트		환자
☐ **pediatrician** 피디어트리션		소아과 의사
☐ **physician** 피지션		내과 의사
☐ **pulse** 펄스		맥박
☐ **shot** 샽		주사(1회용)
☐ **surgeon** 써어전		외과 의사
☐ **temperature** 템퍼러쳐		체온
☐ **treatment** 트리잍먼트		치료, 처치

Conversations

❶ I have high blood pressure.
   아이 해브 하이 블러드 프레셔

❷ My blood pressure is too low.
   마이 블러드 프레셔 이즈 투우 로우

❸ Could you take me to the hospital?
   쿠드 유 테잌 미 투 더 하스피를

❹ The ambulance will arrive soon.
   더 앰뷸런스 윌 어라이브 수운

❺ My feet are killing me.
   마이 피일 아 킬링 미

❻ You need an operation.
   유 니이드 언 아퍼레이션

❶ 저는 혈압이 높아요.
❷ 저는 혈압이 너무 낮아요.

❸ 병원에 데려다 주시겠습니까?
❹ 구급차가 곧 도착할 겁니다.

❺ 발이 아파 죽겠어요.
❻ 수술을 해야겠습니다.

arrive 도착하다

우리는 듣기 테스트를 hearing test 라고 하지요? 하지만 a hearing test 는 이비인후과에서 받는 청력검사를 말합니다. 만약 네이티브가 I have to take a hearing test tomorrow. 라는 말을 듣는다면 아마 '이 사람 내일 청력검사를 받나 보다'라고 생각할 거예요.

52 약국에서

after the meal	애프터 더 미일	식후
antibiotic	앤티바이아틱	항생물질
bandage	밴디쥐	붕대
before the meal	비퍼 더 미일	식전
between meals	비트윈 미일즈	식사 사이
capsule	캡슐	캡슐
cough drop	코옾 드랍	진해정
digestive	다이제스티브	소화제
dose	도우스	1회 복용량
gauze	고오즈	거즈
herb medicine	허브 메더신	한약
laxative	랙서티브	하제(설사약)
medicine/drug	메더신/드럭	약
ointment	오인트먼트	연고
painkiller	페인킬러	진통제
pharmacy	파머씨	약국, 제약학
pill	필	알약
prescription	프리스크립션	처방전
suppository	서파저토오리	좌약
tablet	태블릿	정제

Conversations

- I'll give you a **prescription**. Take it to the **pharmacist**.
- Where's the nearest **drugstore**?

- The **digestive** helped his stomach.
- That **medicine** works well.

- How often do I have to take the **capsule**?
- Take two **tablets** three times a day after meals.

- 처방전을 드릴 테니 약국에 가져가세요.
- 제일 가까운 약국이 어디에 있습니까?

- 그 소화제는 그의 위에 도움이 되었어요.
- 그 약이 잘 들어요.

- 이 캡슐을 몇 번이나 먹어야 합니까?
- 하루에 세 번, 식후에 두 알씩 드십시오.

pharmacist 약사 | **nearest** 가장 가까운 | **drugstore** 약국 | **work** (약이) 듣다 | **three times a day** 하루에 세 번

53 질병과 증상

anemia 어니이미어	빈혈
bleed 블리이드	피가 나다
break a bone 브레잌 어 보운	뼈가 부러지다
burn 버언	화상
catch a cold 캐취 어 코울드	감기 걸리다
cough 코오프	기침
diarrhea 다이어리이어	설사
disease 디지이즈	질병
fatigue 퍼티이그	피로
feel feverish 피일 피이버리쉬	열이 있는
flu 플루우	유행성 감기, 독감
get dizzy 겥 디지	현기증 나다
have a chill 해브 어 칠	으스스하다
headache 헤드에잌	두통
hurt 허얼	상처, 부상
nausea 노오지어	메스꺼움
pain 페인	통증
scratch 스크래취	찰과상
stomach-ache 스터멐 에잌	복통, 위통
toothache 투쓰에잌	치통

Conversations

아이 해브 어 피이버
① **I have a fever.**

아이 저스트 원트 투 췌 유
② **I just want to check you.**

아이 해브 어 패인 인 마이 체스트
③ **I have a pain in my chest.**

유드 베터 씨이 어 닥터
④ **You'd better see a doctor.**

아이 해브 어 췰 아이 씽크 아이 코오트 어 코올드
⑤ **I have a chill. I think I caught a cold.**

마이크 게이브 어 코올드 투 유
⑥ **Mike gave a cold to you.**

---

① 열이 납니다.
② 진찰 좀 하겠습니다.

③ 가슴에 통증이 있어요.
④ 진찰을 받는 것이 좋겠어요.

⑤ 오한이 나. 감기에 걸린 것 같아.
⑥ 마이크한테서 감기 옮았네.

fever 열 | **check** 확인하다, 조사하다 | **see a doctor** 진찰받다 | **chill** 오한, 으스스함 |
give a cold to ~에게 감기를 옮기다

아플 때 치료를 목적으로 병원에 가는 경우 **go to the hospital**보다는 **see a doctor** 라고 해요. **go to the hospital**의 경우는 특별히 입원을 하거나 건강검진을 받는다는 뜻이랍니다.

54 인체의 구조

- **abdomen** 업더먼 — 배
- **Adam's apple** 애덤스 애플 — 결후, 후골
- **ankle** 앵클 — 발목, 복사뼈
- **armpit** 아암핕 — 겨드랑이
- **calf** 캐프 — 종아리
- **chest** 체스트 — 가슴, 흉부
- **collarbone** 칼러보운 — 쇄골
- **crown** 크라운 — 정수리
- **elbow** 엘보우 — 팔꿈치
- **flank** 플랭크 — 옆구리
- **forehead** 포오헤드 — 이마
- **jaw** 져 — 턱
- **knee** 니이 — 무릎
- **navel** 네이블 — 배꼽
- **shank** 섕크 — 정강이
- **shoulder blade** 쇼울더 블레이드 — 어깨뼈, 견갑골
- **teeth** 티이쓰 — 이
- **temple** 템플 — 관자놀이
- **thigh** 싸이 — 넓적다리
- **throat** 쓰로울 — 목

Conversations

- His name is on the tip of my tongue.
히즈 네임 이즈 온 더 팁 어브 마이 텅
- That's Martin. Martin Carpenters.
댓츠 마아틴 마아틴 카아펀터즈

- What happened to your eye?
왓 해폰드 투 유어 아이
- I got this shiner by walking into a door.
아이 갓 디스 샤이너 바이 웍킹 인투 어 도어

- I fell on my behind.
아이 펠 온 마이 비하인드
- Please take care of yourself.
플리즈 테잌 케어 어브 유어쎌프

- 그의 이름이 혀끝에서 맴돌아.
- 마틴이잖아. 마틴 카펜터즈.

- 눈이 왜 그래?
- 문에 부딪혀서 멍이 들었어.

- 엉덩방아를 찧었어요.
- 조심하세요.

on the tip of one's tongue 기억이 날 듯 말 듯하다 | **shiner** 눈에 멍이 들다 | **behind** 엉덩이(butlocks)

55 취미와 오락

□ **amusement**	어뮤즈먼트	오락
□ **calligraphy**	컬리그러피	서예
□ **chess**	체스	체스
□ **collection**	컬렉션	수집
□ **cycling**	싸이클링	자전거 타기
□ **dance**	댄스	춤
□ **embroidery**	임브로이더리	자수, 수놓기
□ **fishing**	피싱	낚시
□ **go hiking**	고우 하이킹	도보 여행을 하다
□ **hobby**	하비	취미
□ **horse riding**	호오스 라이딩	승마
□ **knitting**	니팅	뜨개질
□ **listening to music**	리스닝 투 뮤직	음악 감상
□ **making pottery**	메이킹 파터리	도예
□ **moviegoer**	무비고우어	영화 팬
□ **paint in oils**	페인트 인 오일즈	유화로 그리다
□ **playing cards**	플레잉 카아즈	카드놀이
□ **reading**	리딩	독서
□ **sing along**	씽 얼렁	노래 부르다
□ **traveling**	트래블링	여행

Conversations

- What's your hobby?
  (왓츠 유어 하비)
- I'm interested in listening to music.
  (아임 인터레스티드 인 리스닝 투 뮤직)

- My old stamp collection is very valuable.
  (마이 오울드 스탬프 컬렉션 이즈 베리 밸류어블)
- That's a nice hobby to have.
  (댓츠 어 나이스 하비 투 해브)

- How do you spend your free time?
  (하우 두 유 스펜드 유어 프리 타임)
- I like reading detective stories.
  (아이 라익 리딩 디텍티브 스토리즈)

- 취미가 무엇입니까?
- 음악 감상에 흥미가 있습니다.

- 내가 수집한 오래된 우표들은 매우 귀중해요.
- 그거 해볼 만한 취미군요.

- 여가 시간을 어떻게 보내세요?
- 저는 탐정 소설 읽기를 좋아합니다.

---

be interested in ~에 흥미를 갖다 | **stamp** 우표 | **collection** 수집품 | **valuable** 가치 있는 | **spend time** 시간을 보내다 | **detective story** 탐정 소설

hook은 물건을 거는 '고리나 낚시바늘, 고리에 걸려 꼼짝 못하다'라는 뜻이지만 '음식이나 취미 등에 맛을 들이다'라는 비유의 뜻으로도 잘 쓰여요. 이 경우에는 **be addicted to**와 같은 뜻이 되지요.

4장

알아두면 도움이 되는 단어

56 비즈니스[1]	63 직업[2]	70 역사
57 비즈니스[2]	64 거래 관계	71 범죄
58 직장 생활[1]	65 운동 시합	72 국제 사회
59 직장 생활[2]	66 종교	73 정치[1]
60 회의[1]	67 매스미디어	74 정치[2]
61 회의[2]	68 예술	75 지리
62 직업[1]	69 첨단 과학	

56 비즈니스¹

- **auditor** 오오더터 — 감사관
- **bankruptcy** 뱅크럽씨 — 도산
- **big business** 빅 비즈니스 — 대기업
- **capital** 캐퍼틀 — 자본
- **closing accounts** 클로우징 어카운츠 — 결산
- **common clerk** 카먼 클러억 — 평사원
- **company** 컴퍼니 — 회사
- **director** 디렉터 — 중역(이사)
- **dividend** 디버덴드 — 배당
- **employee** 임플로이이 — 종업원
- **enterprise** 에터프라이즈 — 기업
- **establishment** 이스태블리쉬먼트 — 설립
- **executive** 이그제큐티브 — 경영 간부
- **fund** 펀드 — 자금
- **merger** 머져 — 합병
- **parent company** 패어런트 컴퍼니 — 모회사
- **proposer** 프러포우져 — 발기인, 제안자
- **proprietor** 프러프라이어터 — 경영자
- **stock** 스탁 — 주식
- **stockholder** 스탁호울더 — 주주

Conversations

- That company went bankrupt.
- So you see I was right after all.

- Was he submitted to a disciplinary measure?
- He will be working as a common clerk.

- The merger is profitable for both companies.
- I will tell the boss the good news.

- 그 회사 도산했어.
- 봐, 결국 내가 옳았지.

- 그 사람 징계처분 받았어?
- 그는 평사원으로 일하게 될 거야.

- 합병은 양쪽 회사에 유익합니다.
- 그 좋은 소식을 사장님께 말씀드리겠습니다.

after all 결국 | **submit** (조치, 치료 등을) 받다 | **disciplinary measure** 징계 처분 | **profitable** 유리한, 유익한

57 비즈니스²

□ **administer** 애드미니스터		경영하다
□ **agency work** 에이젼시 워엌		대행 업무
□ **be off duty** 비 어프 듀티		비번이다
□ **be on duty** 비 온 듀티		근무 중이다
□ **brainwork** 브레인워엌		정신 노동
□ **business** 비즈니스		경기, 사업
□ **commuting area** 커뮤팅 에어리어		통근권
□ **depression** 디프레션		불황
□ **manual labor** 매뉴얼 레이버		육체 노동
□ **new graduate** 뉴우 그래쥬에잍		새로운 졸업생
□ **office regulations** 어피스 레귤레이션즈		사칙
□ **pension** 펜션		연금
□ **prosperity** 프라스퍼러티		호황
□ **receptionist** 리셉셔니스트		접수원
□ **recession** 리쎄션		불경기
□ **red ink** 레드 잉크		적자
□ **secretary** 세크러테리		비서
□ **specialist work** 스페셜리스트 워엌		전문직
□ **surplus** 써플러스		흑자
□ **technical work** 테크니컬 워엌		기술직

Conversations

- The business show signs of prosperity.
- I'd like to add something to what you've just said.
- Jim joined the general affairs department.
- In my opinion, he is the right person for it.
- Our section is leading in the sales contest.
- Could you say a little bit more about it?

- 사업이 호황을 보이고 있습니다.
- 지금 말씀하신 것에 조금 덧붙이고 싶습니다.
- 짐이 총무부에 배속되었습니다.
- 내 생각에 그는 그 일에 적임자예요.
- 우리 부서가 판매 경쟁에서 앞서가고 있습니다.
- 좀더 자세히 말씀해 주시겠습니까?

signs 징후, 조짐 | **general affairs department** 총무부 | **sales contest** 판매 경쟁

58 직장 생활¹

□	**annual income** 애뉴얼 인컴	연 수입
□	**attend on a holiday** 어텐드 온 어 할러데이	휴일에 출근하다
□	**be absent from work** 비 앱선트 프럼 워얼	결근하다
□	**be fired** 비 파이어드	해고당하다
□	**be late for** 비 레이트 퍼	지각하다
□	**bonus** 보우너스	보너스, 특별수당
□	**business trip** 비즈니스 트륖	출장
□	**coffee break** 커피 브레잌	휴식 시간
□	**day off** 데이 오프	휴가
□	**get a job** 겥 어 잡	취직하다
□	**get another job** 겥 어너더 잡	전직하다
□	**go to work** 고우 투 워얼	출근하다
□	**leave the office** 리브 디 어피스	퇴근하다
□	**lose one's job** 루우즈 원스 잡	실직하다
□	**meeting** 미이팅	회의
□	**promotion** 프러모우션	승진
□	**raise** 레이즈	승급, 월급 인상
□	**resign/retire** 리자인/리타이어	사직하다
□	**salary** 쎌러리	월급
□	**transfer** 트랜스퍼	전임(하다)

Conversations

- He got a job with a newspaper.
- He pulled some strings to get the job.

- What does your father do?
- He retired under the age clause last year.

- I'm too busy to find time to breath.
- You are a workaholic.

- 그 사람 신문사에 취직했대.
- 그 사람 연줄로 취직했어요.

- 아버지께선 무슨 일을 하십니까?
- 작년에 정년퇴직하셨어요.

- 한숨 돌릴 틈도 없이 너무 바빠.
- 너는 일중독이야.

pull strings 연줄을 이용하다 | **under the age clause** 정년으로 | **breath** 숨쉬다 | **workaholic** 일벌레

신입사원을 '신선한 사람'이라는 뜻으로 He's fresh. 라고 표현한다면 신입사원을 변태 취급 하는 거라는 사실을 아시나요? 이 경우에는 He's a newcomer. 나 He's new here., He was just recently employed. 라고 해요.

59 직장 생활 ^{2}

- **assistant manager** 어씨스턴트 매니져 — 계장
- **branch** 브랜취 — 지사
- **CEO** 씨이이이오우 — 최고 경영자
- **chairman** 체어먼 — 회장
- **colleague** 칼리이그 — 동업자, 동료
- **department** 디파아트먼트 — 부서
- **factory** 팩토리 — 공장
- **general manager** 제너럴 매니져 — 부장
- **immediate senior** 이미이디얼 씨이녀 — 직속 상사
- **junior** 쥬우녀 — 하급자
- **main office** 메인 어피스 — 본사
- **manager** 매니져 — 과장
- **managing director** 매니징 디렉터 — 상무, 전무
- **pecking order** 페킹 오더 — 상하서열
- **person in charge** 퍼어슨 인 챠아쥐 — 주임
- **president** 프레지던트 — 사장
- **section** 섹션 — 과(課)
- **senior/boss** 씨이녀/보스 — 상급자
- **subordinate** 서보더넡 — 부하
- **title** 타이틀 — 직함

Conversations

- Please accept our apologies for the inconvenience.
- Give me your business card please.
- What's the problem?
- The area supervisor came upon the scene.
- Would you tell me about the market presence of your company?
- We will open a branch office in Pusan next month.

- 불편을 끼쳐드려 죄송합니다.
- 당신 명함 좀 줘봐요.
- 무슨 문제가 있습니까?
- 그곳 담당자가 현장에 나타났습니다.
- 귀사의 시장 상황에 대해 말씀해 주시겠습니까?
- 다음 달에 부산에 지점을 개설합니다.

accept 받아들이다 | **apology** 사과 | **inconvenience** 불편 | **area** 지역 | **supervisor** 책임자

60 회의¹

▫ **absentee** 앱선티이		불참자
▫ **adjourn** 어드져언		휴회하다(연기하다)
▫ **agenda** 어젠더		의안
▫ **amendment** 어멘드먼트		수정안
▫ **attendance** 어텐던스		출석자
▫ **board meeting** 보오드 미이팅		중역 회의
▫ **chairperson** 체어퍼어슨		사회자(의장)
▫ **conference** 컨퍼런스		회의
▫ **draft plan** 드래프트 플랜		원안
▫ **minutes** 미니츠		의사록
▫ **notes** 노우츠		비망록, 메모
▫ **objection** 업젝션		반대
▫ **observer** 업져버		관찰자, 옵서버
▫ **pending** 펜딩		미결의
▫ **proposition** 프라퍼지션		제안
▫ **put off** 풀 오프		연기하다
▫ **recorder** 리코오더		기록자
▫ **reference data** 레퍼런스 데이터		참고 자료
▫ **report** 리포오트		보고서
▫ **resolution** 레절루션		결의

Conversations

- Do you have any objections?
- I have another idea.

- May I speak to Ms. Baker in Advertising?
- She is in a meeting now.

- He described the proposition in detail.
- First of all, let's look over the papers.

- 이의가 있으십니까?
- 저는 다른 의견을 가지고 있습니다.

- 광고부의 베이커 씨와 통화할 수 있을까요?
- 지금 회의 중입니다.

- 그가 그 제안을 상세히 설명했습니다.
- 우선 그 서류 좀 봅시다.

advertising 광고부 | **describ** 설명하다 | **detail** 상세한, 세부 | **look over** 훑어보다

61 회의²

- **effective** 이펙티브 — 효과적인
- **estimation** 에스터메이션 — 평가, 예측
- **evaluation** 이밸류에이션 — 평가
- **give one's opinion** 기브 원스 어피니언 — 의견을 제출하다
- **initial stage** 이니셜 스테이쥐 — 초기 단계
- **master plan** 매스터 플랜 — 종합 계획
- **measure** 메져 — 대책, 방안
- **outlook** 아울룩 — 윤곽, 조망, 전망
- **present situation** 프레즌트 시츄에이션 — 현재 상황
- **profit ration** 프라핏 레이션 — 이익률
- **provisional** 프리비져널 — 잠정적인
- **result** 리절트 — 결과
- **risky** 리스키 — 위험한
- **strategy** 스트래터지 — 전략
- **tactics** 택틱스 — 전술
- **tentative** 텐터티브 — 시험적인
- **term** 터엄 — 조건
- **trend** 트렌드 — 경향
- **urgent** 어어젼트 — 긴급한

Conversations

- I couldn't **agree** less.
- May I just finish?

- I proposed the **terms** of the contract.
- Excuse me, may I **interrupt**?

- Prices show an upward trend.
- You have a point but we will have to wait a little bit more.

- 나는 절대 반대입니다.
- 제 말을 끝내도 되겠습니까?

- 나는 계약 조건을 제안했습니다.
- 실례지만 제가 끼어들어도 될까요?

- 물가가 오르는 경향이 있습니다.
- 일리 있는 말씀입니다만 조금 더 기다려 봐야 합니다.

agree 동의하다 | **interrupt** (말 등을) 도중에 방해하다 | **upward** 향상하는

62 직업¹

□ **baker** 베이커		빵집
□ **butcher** 부처		정육업자, 도살업자
□ **carpenter** 카아펜터		목수
□ **clerk** 클럽		사무원, 점원
□ **cook** 쿡		요리사
□ **critic** 크리틱		평론가
□ **dentist** 덴티스트		치과 의사
□ **electrician** 일렉트리션		전기공
□ **engineer** 엔쥐니어		엔지니어, 기술자
□ **farmer** 파아머		농부
□ **fisherman** 피셔먼		어부
□ **florist** 플러리스트		꽃 가게 주인
□ **grocer** 그로우서		식료품 주인
□ **interpreter** 인터프리터		통역자
□ **lawyer** 로이어		변호사, 법률가
□ **mechanic** 머캐닉		기계공
□ **occupation** 아큐페이션		직업
□ **office worker** 어피스 워커		사무원
□ **teller** 텔러		은행원
□ **veterinarian** 베터러네리언		수의사

Conversations

- **What kind of work do you have?**
  (왓 카인드 어브 워엌 두 유 해브)
- **I work at the fire department.**
  (아이 워엌 앳 더 파이어 디파아트먼트)

- **What is your business here?**
  (왓 이즈 유어 비즈니스 히어)
- **That's none of your own business.**
  (댙츠 논 어브 유어 오운 비즈니스)

- **What does your son do?**
  (왓 더즈 유어 썬 두)
- **My son works at a casino.**
  (마이 썬 웤스 앹 어 카지노)

- 직업이 무엇입니까?
- 소방서에서 일합니다.

- 무슨 용건으로 오셨습니까?
- 당신과는 상관없는 일입니다.

- 당신 아들의 직업이 무엇입니까?
- 카지노에서 일합니다.

work at 일하다 | **fire department** 소방서 | **business** 용건, 일

한국과 일본에서는 여직원이라는 말을 쓰지만 미국의 경우에는 되도록 이런 표현은 쓰지 않아요. '우리 회사에는 다섯 명의 남자직원과 세 명의 여직원이 있습니다.'라고 한다면 **We have 8 employees.** 라고 한꺼번에 말한답니다. 사소해 보이지만 문화의 차이로 오해가 생길 수 있는 표현은 피하는 게 바람직해요.

63 직업²

- **architect** 아커텍트 — 건축가
- **barber** 바아버 — 이발사
- **full-time lecturer** 풀타임 렉춰러 — 전임 강사
- **graphic designer** 그래픽 디자이너 — 상업 미술가
- **hairdresser** 헤어드레서 — 미용사
- **librarian** 라이브레리언 — 사서
- **nurse** 너어스 — 간호사
- **operator** 아퍼레이터 — 전화 교환원
- **owner** 오우너 — 경영자
- **part-time lecturer** 파아트 타임 렉춰러 — 시간 강사
- **pharmacist** 파머시스트 — 약사
- **photographer** 퍼타그래퍼 — 사진사
- **professor** 프로페서 — 교수
- **publicity agent** 퍼블리시티 에이젼트 — 광고 대리업자
- **real estate agent** 리얼 이스테잍 에이젼트 — 부동산업자
- **research fellow** 리시치 펠로우 — 연구원
- **station master** 스테이션 매스터 — 역장
- **station officer** 스테이션 어피서 — 역원
- **taxi driver** 택시 드라이버 — 택시 운전기사
- **translator** 트랜스레이터 — 번역가

Conversations

🔸 렛츠 코올 잇 어 데이
Let's call it a day.

🔸 위 어프리쉬에잇 유 비잉 윋 어스
We appreciate you being with us.

🔸 아이 워억 퍼 더 유나이티드 네이션즈
I work for the United Nations.

🔸 와이 디드 유 엔터 서취 어 프러페션
Why did you enter such a profession?

🔸 아이 허어드 댇 윌 워즈 아울 어브 어 잡 나우
I heard that Will was out of a job now.

🔸 히 해즈 빈 포오스트 아울 어브 히즈 잡
He has been forced out of his job.

🔸 오늘은 이만합시다.
🔸 함께 해주셔서 감사합니다.

🔸 저는 유엔에서 일합니다.
🔸 왜 그런 직업을 갖게 되었습니까?

🔸 나는 윌이 현재 실직 중이라고 들었습니다.
🔸 그는 사직을 강요당했습니다.

call it a day 끝내다, 마감하다 | **appreciate** 감사하다 | **profession** 직업 |
out of a job 실직 | **forced** 강요된

64 거래 관계

- **buyer** 바이어 — 구매자
- **client** 클라이언트 — 의뢰인, 단골손님
- **complaint** 컴플레인트 — 불만
- **contract** 컨트랙트 — 계약(서)
- **credential** 크리덴셜 — 신용장(letter of credit)
- **customer** 커스터머 — 고객, 소비자
- **date of delivery** 데이트 어브 딜리버리 — 배달 날짜, 납기
- **delivery** 딜리버리 — 인도, 납품
- **export** 엑스포오트 — 수출하다
- **import** 임포오트 — 수입하다
- **loss** 로스 — 손실
- **negotiate** 니고쉬에잍 — 교섭하다
- **payment** 페이먼트 — 지불, 보수
- **price** 프라이스 — 가격, 물가
- **presentation** 프리젠테이션 — 프레젠테이션
- **profit** 프라핕 — 이익
- **sale** 세일 — 판매
- **salesman** 세일즈맨 — 판매인
- **sample** 샘플 — 견본
- **sign** 싸인 — 서명(하다)

Conversations

- We had to suffer a great loss.
- Once this recession is over, business will recover very soon.

- How's your new business coming?
- Getting quick profits is the company's goal.

- This contract is very important to us.
- Send us several samples.

- 우리는 커다란 손실을 감수해야 했습니다.
- 이 불경기가 끝나면 곧 좋아지실 겁니다.

- 새로 시작한 사업은 잘되세요?
- 빨리 이익을 내는 것이 회사의 목표입니다.

- 그 계약은 우리에게 매우 중요합니다.
- 견본 몇 개만 보내 주세요.

---

recession 불경기 | **recover** (손실을) 보충하다 | **goal** 목표 | **several** 몇몇의, 수개의

65 운동 시합

☐ **aerobics** 어로우빅스	에어로빅
☐ **athlete** 애쓸릿	선수, 경기자
☐ **champion** 챔피언	우승자
☐ **cheer** 치어	응원하다
☐ **draw** 드로오	비김
☐ **event** 이벤트	경기 종목
☐ **extended game** 익스텐디드 게임	연장전
☐ **game/match** 게임/매치	경기, 시합
☐ **Grand Prix** 그라안 프리이	그랑프리, 대상
☐ **gymnasium** 짐네이지엄	체육관(gym)
☐ **line-up** 라인 없	(선수) 구성
☐ **lose** 루즈	지다
☐ **major league** 메이져 리이그	메이저 리그
☐ **manager** 매니져	감독
☐ **player** 플레이어	선수
☐ **stadium** 스테이디엄	스타디움(경기장)
☐ **inning** 이닝	(야구에서) 한 회
☐ **tournament** 터너먼트	토너먼트
☐ **training** 트레이닝	훈련
☐ **win** 윈	이기다

Conversations

- Which team are you rooting for?
  (위치 티임 아 유 루팅 퍼)
- I'm a big fan of the Yankees.
  (아임 어 빅 팬 어브 더 양키즈)

- The bases are loaded.
  (더 베이시즈 아 로우디드)
- Come on, get a hit!
  (컴 온 겟 어 힡)

- How was today's game?
  (하우 워즈 투데이즈 게임)
- It was a draw.
  (잍 워즈 어 드로오)

- 당신은 어느 팀을 응원하십니까?
- 나는 양키즈 왕팬입니다.

- 만루다.
- 이봐, 안타를 쳐!

- 오늘 경기 어땠어요?
- 비겼어요.

root 응원하다 | **load** (야구) 만루로 만들다 | **hit** 안타

야구장을 직역해서 **baseball ground**라고도 하지만 일반적인 호칭은 **ball park**예요. 롯데 자이언트나 LG 트윈스 같은 구단은 **ball club**이라고 하고요. 참고로 외야석은 따가운 햇볕을 쬐야 하기 때문에 '표백하다'라는 **bleach**를 써서 **bleachers**라고 한답니다.

66 종교

- **be baptized** 비 뱁타이즈드 — 세례를 받다
- **belief** 빌리프 — 신앙심
- **Buddhist** 부디스트 — 불교도
- **cathedral** 커씨드럴 — 대성당
- **Catholic** 캐쓸릭 — 가톨릭교도
- **Christian** 크리스천 — 기독교인
- **church** 쳐어치 — 교회
- **clergyman** 클러어쥐먼 — 성직자
- **god** 갇 — 신
- **heaven** 헤븐 — 천국
- **hell** 헬 — 지옥
- **Jesus Christ** 지져스 크라이스트 — 예수 그리스도
- **missionary** 미셔네리 — 선교사
- **Muslim** 머즐림 — 이슬람교도(의)
- **New Testament** 뉴 테스터먼트 — 신약성서
- **pope** 포옾 — 교황
- **prayer** 프레이어 — 기도
- **priest** 프리이스트 — 사제, 신부
- **Protestant** 프라터스턴트 — 개신교(의)
- **religion** 릴리젼 — 종교

Conversations

- What's his religion?
- He is a devout Christian.

- Do you have any religion?
- I converted to Buddhism.

- Do you believe in God?
- I seek solace in religion.

- 그 사람 종교가 무엇입니까?
- 그는 신실한 기독교도입니다.

- 종교 있으세요?
- 저는 불교로 개종했습니다.

- 신의 존재를 믿으십니까?
- 저는 종교에서 위안을 찾습니다.

devout 독실한 | **convert** 개종하다 | **believe** 믿다 | **seek** 찾다 | **solace** 위안, 위로

67 매스미디어

□ **advertising**	애드버타이징	광고
□ **announcer**	어나운서	아나운서
□ **article**	아아티클	기사
□ **broadcasting**	브로오드캐스팅	방송
□ **cover**	커버	취재하다
□ **image**	이미쥐	영상, 화상
□ **interview**	인터뷰우	인터뷰(하다)
□ **live broadcasting**	라이브 브로오드캐스팅	생방송
□ **magazine**	매거지인	잡지
□ **mass paper**	매스 페이퍼	대중 신문
□ **news caster**	뉴우스 캐스터	뉴스 방송 해설자
□ **popularity**	파퓰래러티	인기
□ **public broadcasting**	퍼블릭 브로오드캐스팅	공영 방송
□ **publish**	퍼블리쉬	출판(발행)하다
□ **publisher**	퍼블리셔	출판사
□ **rating**	레이팅	시청률
□ **relay**	릴레이	중계방송
□ **reporter**	리포오터	리포터(보고자)
□ **sponsor**	스판서	스폰서, 후원자
□ **writer**	라이터	기자, 저자

Conversations

- The editor refused to publish it.
  디 에디터 리퓨스트 투 퍼블리쉬 잍
- That's too bad.
  댙츠 투 배드

- What is the current bestseller?
  왙 이즈 더 커런트 베스트셀러
- It's 'Breaking Dawn.'
  잍츠 브레이킹 도온

- I'm writing an article for the company newsletter.
  아임 라이팅 언 아아티클 퍼 더 컴퍼니 뉴우스레터
- What is it about?
  왙 이즈 잍 어바웉

- 편집자가 출판을 거절했어.
- 안됐다.

- 현재의 베스트셀러는 뭡니까?
- 〈브레이킹 던〉이에요.

- 나는 회사의 사보에 실을 기사를 작성 중이야.
- 무엇에 관한 건데?

editor 편집자 | **refuse** 거절하다 | **current** 현재의, 지금의 | **breaking** 파괴 | **dawn** 새벽 | **newsletter** 사보

우리는 mass communication을 단축형으로 매스컴이라고 하지만 이는 일본식 영어로 잘못된 표현입니다. 우리가 매스컴이라고 하는 것은 신문, 방송, 텔레비전 등을 총망라한 것으로 영어로는 the mass media 또는 간단히 the media 라고 해요.

68 예술

- **aesthetics** 에스떼틱스 — 미학
- **art** 아아트 — 예술
- **art festival** 아아트 페스티블 — 예술제
- **art museum** 아아트 뮤우지움 — 미술관
- **British Museum** 브리티쉬 뮤우지움 — 대영박물관
- **Broadway Musical** 브러어드웨이 뮤우지컬 — 브로드웨이 뮤지컬
- **classic** 클래식 — 고전(의), 일류(의)
- **concert** 칸써어트 — 음악회, 연극회
- **conductor** 컨닥터 — 지휘자
- **exhibition** 엑서비션 — 전시회
- **gallery** 갤러리 — 화랑
- **movie/film** 무비/피음 — 영화
- **musical** 뮤우지컬 — 뮤지컬
- **opera** 아퍼러 — 오페라
- **orchestra** 오커스트러 — 오케스트라
- **picture** 픽쳐 — 그림
- **play** 플레이 — 연극
- **playwright** 플레이라이트 — 극작가
- **sculpture** 스컬쳐 — 조각
- **theater** 씨어터 — 극장

Conversations

- Her first solo **exhibition** will be held next week.
- Why don't you come with me?

- The **symphony** was so beautiful that I cried.
- I like **classical music**, too.

- This **exhibition** received a great deal of **attention** in the press.
- It's very nice of you to say so.

- 그녀의 첫 개인전이 다음 주에 열려.
- 나랑 같이 갈래?

- 그 교향곡이 너무 아름다워서 나는 울어버렸어.
- 나도 고전 음악을 좋아해.

- 이 전시회는 언론에서 많은 주목을 받았습니다.
- 그렇게 말씀해 주셔서 감사합니다.

symphony 교향곡 | **classical music** 고전 음악 | **receive** 받다 | **attention** 주목

69 첨단 과학

- **alternative energy** 얼터너티브 에너지 — 대체 에너지
- **artificial gene** 아티피셜 쥐인 — 인공 유전자
- **biotechnology** 바이오테크날러지 — 생명공학
- **compatibility** 컴패터빌러티 — 호환성
- **digital** 디져털 — 숫자 표시 방식의
- **genetic map** 져네틱 맵 — 유전자 지도
- **high technology** 하이 테크날러지 — 첨단기술
- **image scanner** 이미지 스캐너 — 영상 스캐너
- **laser** 레이져 — 레이저
- **liquid crystal** 리퀴드 크리스틀 — 액정
- **microfilm** 마이크로피음 — 마이크로필름
- **optical fiber** 옵티클 파이버 — 광섬유
- **satelite** 쌔틸라잍 — 인공위성
- **semiconductor** 세미컨덕터 — 반도체
- **sensor** 센서 — 센서(감지기)
- **shape memory alloy** 쉐잎 메머리 앨러이 — 형상기억합금
- **solar cell** 쏘울러 쎌 — 태양 전지
- **space shuttle** 스페이스 셔틀 — 우주 왕복선
- **synthetic** 신쎄틱 — 합성의, 인공의
- **vedeo conferencing** 비디오 컨퍼런싱 — 영상 통화

Conversations

- We can make rubber from the rubber trees.
- But we produce rubber from petroleum by synthesis nowadays.

- That industrial robot has replaced eight employees.
- Therefore, many factory workers lost their jobs.

- 우리는 고무나무에서 고무를 얻을 수 있어.
- 요즘엔 석유를 합성해 고무를 만들어.

- 저 산업용 로봇이 8명의 종업원을 대신하게 되었어.
- 그래서 많은 공장 노동자들이 일자리를 잃었지.

rubber 고무 | **produce** 생산하다 | **petroleum** 석유 | **synthesis** 합성, 인조 | **nowadays** 요즘 | **industrial** 산업의 | **replace** ~에 대신하다 | **factory** 공장

70 역사

☐ **ancient** 에인션트		고대의
☐ **archaeology** 아키알러지		고고학
☐ **Civil War** 시벌 워어		남북전쟁(내전)
☐ **civilization** 시벌리제이션		문명
☐ **colony** 칼러니		식민지
☐ **excavation** 엑스커베이션		발굴
☐ **futurology** 퓨처랄러쥐		미래학
☐ **history** 히스토리		역사
☐ **independence** 인디펜던스		독립
☐ **medieval** 미디벌		중세(의)
☐ **modern** 마던		근대(의)
☐ **nuclear weapon** 뉴클리어 웨펀		핵무기
☐ **peace treaty** 피스 트리티		평화 조약
☐ **prehistoric age** 프리히스토릭 에이쥐		선사 시대
☐ **present age** 프레즌트 에이쥐		현대
☐ **primitive** 프리머티브		원시 시대(의), 원시인
☐ **Renaissance** 레너산스		르네상스
☐ **ruins** 루인스		유적
☐ **war** 워어		전쟁
☐ **World War** Ⅰ 월드 워어 원		제1차 세계대전

Conversations

- Take a look at this article. There was a similar case 10 years ago!
- History repeats itself.

- This must have been found in classical times.
- Are you thinking what I'm thinking?

- Primitive man didn't have a written language.
- You're right, that's exactly what I'm here to point out.

- 이 기사 좀 봐. 10년 전에도 비슷한 사건이 있었어.
- 역사는 되풀이된다구.

- 이것은 고전주의 시대에 발견된 것이 분명해.
- 당신도 내 생각과 같군요?

- 원시인들은 문자를 가지고 있지 않았어.
- 맞아요. 바로 그 점이 제가 지적하고 싶은 겁니다.

article 기사 | **similar** 비슷한 | **repeat** 반복하다 | **classical times** 고전주의 | **written language** 문자 | **exactly** 꼭 | **point out** 지적하다

71 범죄

- **arrest** 어레스트 — 체포(하다)
- **assassinate** 어쌔서네이트 — 암살하다
- **Catch him!** 캐치 힘 — 잡아라!
- **crime** 크라임 — 범죄
- **criminal** 크리미널 — 범인
- **gangster** 갱스터 — 갱단의 일원
- **guilty** 길티 — 유죄(의)
- **Halt!** 호올트 — 움직이지 마!
- **injury** 인져리 — 상해
- **innocent** 이너썬트 — 무죄(의)
- **kidnap** 키드냅 — 유괴하다
- **murder** 머어더 — 살인
- **murderer** 머어더러 — 살인범
- **pickpocket** 픽파킽 — 소매치기
- **police station** 펄리이스 스테이션 — 경찰서
- **robbery** 라버리 — 강도
- **suspect** 써스펙트 — 용의자
- **theft** 떼프트 — 절도
- **thief** 띠이프 — 도둑
- **violence** 바이얼런스 — 폭행

Conversations

- You're doomed.
  유어 두움드
- I plead the Fifth.
  아이 플리드 더 피프쓰

- Freeze! You're under arrest!
  프리즈 유어 언더 어레스트
- Don't shoot me!
  도운트 슈웉 미이

- Watch out for pickpockets.
  와취 아울 퍼 픽파킽츠
- I will. Thanks!
  아이 윌 땡쓰

- 넌 이제 끝났어.
- 나는 묵비권을 행사하겠습니다.

- 꼼짝 마라! 너를 체포한다!
- 쏘지 마세요!

- 소매치기들을 조심해.
- 그럴게요. 고마워요.

doom 운명짓다 | **plead** 주장하다 | **the Fifth** (미) 수정 헌법 제5조, 묵비권을 행사하다 | **freeze** 꼼짝 마라 | **shoot** 쏘다

due는 단체 가입회비 혹은 수수료의 뜻이지만 비유적으로 지은 죄의 대가를 지불한다는 뜻으로도 많이 사용돼요. I paid my due.(내 죄값을 지불했어.)라고 표현합니다. I paid my price. 라고도 쓸 수 있어요.

72 국제 사회

- **accord** 어커드 — 협정
- **alliance** 얼라이언스 — 동맹
- **developed countries** 디벨럽트 컨트리스 — 선진국
- **developing countries** 디벨러핑 컨트리스 — 개발도상국
- **diplomacy** 디플로머시 — 외교
- **geopolitics** 지오팔러틱스 — 지정학
- **globalism** 글로벌리즘 — 세계화
- **international law** 인터내셔널 러 — 국제법
- **national airspace** 내셔널 에어스페이스 — 영공
- **proxy war** 프락시 워어 — 대리 전쟁
- **ratification** 레터피케이션 — 비준
- **refugee** 레퓨지이 — 난민
- **regional conflict** 리이저늘 칸플릭트 — 지역 분쟁
- **signature** 씨그니춰 — 조인
- **sovereignty** 싸버런티 — 주권
- **summit talks** 써밑 토옥스 — 정상회담
- **territorial sea** 테러토리얼 씨이 — 영해
- **territory** 테러토리 — 영토
- **the United Nations** 더 유나이티드 네이션즈 — 국제 연합
- **treaty** 트리이티 — 조약

Conversations

- This area is Korean **territory**.
- Of course it is.

- We should not submit to violations of **sovereignty**.
- That's just my point.

- The **treaty** has been signed and sealed.
- So, the two nations made an agreement on prices.

- 이곳은 한국 영토야.
- 물론이지.

- 우리는 주권 침해에 굴복해서는 안 됩니다.
- 내 말이 바로 그 말이에요.

- 그 조약은 조인되었습니다.
- 그럼, 두 나라는 가격 협정을 맺었군요.

area 땅, 지역 | **submit** 굴복하다 | **violation** 침입, 침해 | **sealed** 조인하다 | **agreement** 협정

73 정치 ¹

☐ **administration**	애드미너스트레이션	행정
☐ **aide**	에이드	보좌관
☐ **cabinet**	캐버닡	내각
☐ **committee**	커미티	위원회
☐ **congress**	캉그레스	의회(미국)
☐ **government**	거번먼트	정부
☐ **jurisdiction**	쥬어리스딕션	사법권
☐ **legislation**	레쥐슬레이션	입법
☐ **legislator**	레쥐슬레이터	국회 의원
☐ **legislature**	레쥐슬레이쳐	입법 기관
☐ **political party**	폴리티컬 파아티	정당
☐ **politician**	팔러티션	정당 정치가
☐ **politics**	팔러틱스	정치
☐ **Representative**	레프리젠터티브	하원 의원(미국)
☐ **secretary**	세크러테리	장관(미국)
☐ **Senator**	쎄너터	상원 의원(미국)
☐ **statesman**	스테이츠먼	정치가
☐ **Supreme Court**	슈프림 코오트	대법원
☐ **the Lower house**	더 로우어 하우스	하원
☐ **the Upper house**	디 어퍼 하우스	상원(the Senate)

Conversations

- Why are there a lot of people in Bourbon Palace?
- The National Assembly is now in session.

- Where shall we go on the voting day?
- What are you talking about? We are to be actively involved in politics.

- Who is he?
- He represents Michigan in the Senate.

- 부르봉 궁전에 왜 이렇게 사람이 많지?
- 프랑스 하원이 개회 중이잖아.

- 투표일에 우리 어디 갈까?
- 무슨 소리야? 우리는 적극적으로 정치에 참여해야 해.

- 저 사람 누구야?
- 그는 미시간 주 상원의원이야.

---

palace 궁전 | **assembly** 의회 | **session** 회기 | **voting day** 투표일 |
actively 적극적으로 | **involve** 참가하다 | **represent** 대표하다, ~ 출신 의원이다

74 정치²

- **ambassador** 앰배써더 — 대사
- **communism** 카뮤니즘 — 공산주의
- **country** 컨트리 — 국토, 나라
- **democracy** 디마크러씨 — 민주주의
- **embassy** 엠버씨 — 대사관
- **emperor** 엠퍼러 — 황제
- **empress** 엠프리스 — 여제, 황후
- **judge** 져쥐 — 판사
- **justice** 져스티스 — 재판, 사법
- **kingdom** 킹덤 — 왕국
- **liberty** 리버티 — 자유
- **local government** 로우컬 거번먼트 — 지방 정부
- **minister** 미너스터 — 장관
- **mother country** 머더 컨트리 — 조국(모국)
- **nationality** 내셔낼러티 — 국적
- **President** 프레지던트 — 대통령
- **prime minister** 프라임 미너스터 — 수상
- **prosecutor** 프라시큐터 — 검사
- **republic** 리퍼블릭 — 공화국
- **voting right** 보우팅 라잍 — 투표권

Conversations

- **Do you mind if I smoke?**
  (두 유 마인드 이프 아이 스모욱)
- **Smoking here is prohibited by law.**
  (스모우킹 히어 이즈 프로우히비티드 바이 로오)

- **What is your nationality?**
  (왙 이즈 유어 내셔낼러티)
- **I'm Korean.**
  (아임 커리언)

- **Education is a long range-project of the state.**
  (에쥬케이션 이즈 어 롱 레인쥐 프라젝트 어브 더 스테일)
- **You couldn't have said it better.**
  (유 쿠든트 해브 세드 잍 베터)

- 담배 피워도 될까요?
- 이곳에서의 흡연은 법으로 금지되어 있습니다.

- 당신의 국적은 어디입니까?
- 한국 사람입니다.

- 교육은 국가의 백년대계입니다.
- 말씀 참 잘하셨네요.

---

prohibited 금지된 | **law** 법 | **education** 교육 | **long range project** 백년대계

중책을 맡고 있는 대통령은 그 책임만큼 직책이 많답니다. 명함을 새긴다면 다음과 같은 내용이 모두 있어야 할 거예요.
국가원수 **Chief of State** | 행정수반 **Chief Executive** | 군 최고 사령관 **Commander in Chief** | 외교 총수 **Chief Diplomat** | 입법 최고 책임자 **Chief Legislator**

75 지리

□ **bay** 베이	강의 입구
□ **boundary** 바운더리	경계
□ **channel** 채널	수로
□ **desert** 데저트	사막
□ **direction** 디렉션	방향
□ **field** 피일드	들, 밭, 산지
□ **forest** 포리스트	숲
□ **gulf** 걸프	만
□ **island** 아일런드	섬
□ **mountain range** 마운튼 레인쥐	산맥
□ **orchard** 오오쳐드	과수원
□ **peninsula** 퍼닌슐러	반도
□ **pier** 피어	방파제(부두)
□ **pond** 펀드	연못
□ **shore** 쇼어	해안
□ **strait** 스트레일	해협
□ **stream** 스트리임	작은 시내
□ **top** 탚	정상
□ **valley** 밸리	계곡
□ **volcano** 볼케이노우	화산

Conversations

- The volcano erupted yesterday.
- What were the harmful effects of the volcanic eruption?

- The top of the mountain is covered with snow.
- We call it perpetual snow.

- Why don't we cross the strait?
- The strait is not wide enough for ships.

• 그 화산이 어제 폭발했습니다.
• 화산 폭발로 인한 피해는 어떻습니까?

• 저 산 꼭대기는 눈으로 덮여 있어.
• 우리는 그것을 만년설이라고 불러.

• 그 해협을 지나가는 건 어떨까?
• 그 해협은 배가 다닐 만큼 폭이 넓지 않아.

erupt 폭발하다 | **harmfule effect** 피해 | **perpetual snow** 만년설

♦ 궁금한 건 그때그때 찾아볼 수 있는 한글 단어 색인

가격, 물가 price · 60
가로등 street light · 64
가로수길 avenue · 64
가리비 scallop · 78
가뭄 drought · 20
가발 wig · 114
가방 suitcase · 48
가사일 housework · 96
가슴, 흉부 chest · 122
가습기 humidifier · 98
가을에 in autumn / in fall · 16
가족 family · 14
가톨릭교도 Catholic · 148
각자 부담하다 go Dutch · 68
간단한 음식 refreshments · 82
간식 snack · 88
간장 soy sauce · 80
간장(장기) liver · 40
간접적인 indirect · 34
간호사 nurse · 142
갈색(의) brown · 36
갈아타다 change · 62
갈아타다 transfer · 50
감 persimmon · 82
감각 기관 sense organ · 40
감각적인, 민감한 sensitive · 28
감기 걸리다 catch a cold · 120
감독 manager · 146
감동시키는 affecting · 30
감동적인 moving · 30
감동하다 be moved · 30
감사관 auditor · 128
감사합니다. Thank you · 12
감성적인 sentimental · 28
감자 potato · 78
감정 emotion · 26
값싼 cheap · 60
강도 robbery · 158
강수량 precipitation · 18
강의 입구 bay · 166
강의(하다) lecture · 108
강판에 갈다 grate · 76
개발도상국 developing countries · 160

개성 personality · 94
개신교(의) Protestant · 148
개인 컴퓨터 personal computer · 98
개찰구 gate · 66
갤론(약 3.78) gallon · 24
갱단 gangster · 158
거실 living room · 100
거울 mirror · 106
거의 ~하지 않다 seldom · 34
거절하다, 기각하다 turn down · 92
거즈 gauze · 118
거친, 조잡한 rough · 32
걱정 worry · 26
건강한 healthy/strong · 102
건배! Bottoms up! · 72
건배! Cheers! · 70
건조기 drier · 98
건조한 날씨 dry weather · 20
건축가 architect · 142
건조한, 마른 dry · 32
걸러내다 strain · 76
검사 prosecutor · 164
검색 security check · 52
검소한(못생긴) homely · 102
검역하다 quarantine · 52
게스트 하우스 guest house · 56
게으른 lazy · 94
겨드랑이 armpit · 122
겨울에 in winter · 16
겨자 소스 mustard sauce · 80
견고한, 튼튼한 durable · 32
견본 sample · 144
결과 result · 138
결근하다 be absent from work · 132
결산 closing accounts · 128
결의 resolution · 136
결혼 marriage · 42
결혼식 wedding · 44
결혼하다 get married · 44
결후, 후골 Adam's apple · 122
경건한 devout · 30
경계 boundary · 166
경기 종목 event · 146
경기, 시합 game / match · 146
경멸(하다) despise · 28
경영 간부 executive · 128

경영자 owner · 142
경영자 proprietor · 128
경영하다 administer · 130
경유하여 via · 48
경의를 표하다 esteem · 28
경찰서 police station · 158
경향 trend · 138
계곡 valley · 166
계단 steps · 100
계약(서) contract · 144
계장 assistant manager · 134
계좌 번호 account number · 112
계획하다 plan · 48
고객, 소비자 customer · 144
고고학 archaeology · 156
고기 meat · 78
고대의 ancient · 156
고령자 senior citizen · 44
고상한 noble · 94
고속도로 high way · 64
고전(의), 일류(의) classic · 152
고집스러운 stubborn · 94
고추 red pepper · 80
골격 frame · 102
곱슬머리 curly hair · 114
공산주의 communism · 164
공영 방송 public broadcasting · 150
공장 factory · 134
공중 전화 부스 telephone booth · 90
공중전화 pay phone · 90
공포 fear · 26
공항 airport · 52
공항터미널 air terminal · 52
공화국 republic · 164
과(課) section · 134
과부 widow · 44
과수원 orchard · 166
과일 fruit · 82
과장 manager · 134
과정 course · 108
관계를 갖다(바람피우다) have an affair · 92
관광객 tourist · 56
관자놀이 temple · 122

관절 joint · 40
관찰자, 옵서버 observer · 136
광고 대리업자 publicity agent · 142
광고 advertising · 150
광섬유 optical fiber · 154
광장 plaza · 64
교과 과정 curriculum · 108
교섭하다 negotiate · 144
교수 professor · 142
교육 education · 108
교차점 intersection · 64
교환원 operator · 90
교황 pope · 148
교회 church · 148
구간 급행 limited express · 66
구매자 buyer · 144
구명재킷 life jacket · 54
구부러진 crooked · 22
구성(선수) line-up · 146
구운 닭고기 roast chicken · 82
구좌를 개설하다 open an account · 112
국내선 domestic line · 52
국적 nationality · 164
국제 연합 the United Nations · 160
국제법 international law · 160
국제선 international line · 52
국제전화 international call · 90
국토, 나라 country · 164
국회의원 legislator · 162
굽다 bake · 74
굽다 roast · 76
규칙적인 regular · 34
그랑프리, 대상 Grand Prix · 146
그럭저럭 so so · 12
그림 picture · 152
극작가 playwright · 152
극장 theater · 152
근대(의) modern · 156
근무 중이다 be on duty · 130
근육 muscle · 40
금고 safe · 58
금발의 blond · 102
급행 express · 66

색인

기계공 mechanic · 140
기내식 in-flight meals · 54
기념품 souvenir · 50
기다리다 Hold on · 90
기도 prayer · 148
기독교인 Christian · 148
기둥 pillar · 100
기록자 recorder · 136
기름에 넣고 튀기다 deep-fry · 74
기분이 언짢은 out of humor · 30
기쁜 glad(pleasant) · 26
기쁨 pleasure · 26
기사 article · 150
기상콜 wake-up call · 58
기성복 ready-made clothes · 104
기술직 technical work · 130
기압 pressure · 18
기업 enterprise · 128
기온 temperature · 18
기자, 저자 writer · 150
기침 cough · 120
기침(하다) cough · 38
기후 climate(weather) · 18
긴급한 urgent · 138
깊은 deep · 32
깔끔한 neat · 32
깜짝 놀라다 be astonished · 26
깨지기 쉬운 fragile · 32
꽃 가게 주인 florist · 140
꿈을 꾸다 have a dream · 86
끓이다, 삶다 boil · 74

나쁜 bad · 12
나선형 spiral · 22
나중에 later · 12
낙천적인 optimistic · 94
낚시 fishing · 124
난민 refugee · 160
난잡, 엉망진창 mess · 32
날씨를 예보하다 forecast · 18
날씬한 slender · 102
날카로운 sharp · 22
남북전쟁(내전) Civil War · 156
남색(의) indigo · 36
남자노인 elderly man · 44

남자친구 boyfriend · 42
남편 husband · 14
내각 cabinet · 162
내과의사 physician · 116
내선 extension · 90
내장 internal organ · 40
냄새 좋은, 향기로운 fragrant · 32
냅킨, 휴지 napkin · 70
냉장고 refrigerator · 98
너무 좋다 very well · 12
넓적다리 thigh · 122
넥타이 necktie · 104
노래 부르다 sing along · 124
노선표 round map · 62
노점 stall · 60
녹이다(냉동식품을) defrost · 76
놀라다 be surprised · 26
농부 farmer · 140
뇌 brain · 40
누구 ~십니까(전화) Is this ~ · 90
눈물 tear · 38
눈보라 blizzard · 20
뉴스 방송 해설자 news caster · 150
느슨한 loose · 22

다락방 attic · 100
다른 전화를 받고 있다 be on another line · 90
다림질하다 iron / press · 96
다시 걸다 call back · 90
다음 달에 next month · 16
닦다 polish · 96
단, 달콤한 sweet · 80
단발 모양의 앞머리 bangs · 114
단발머리 short hair · 114
단순한 친구 just a friend · 92
단순한 simple · 34
단위 unit · 24
단체 여행 group tour · 50
단추 button · 96
단풍 들다 leaves turn red · 20
달걀 egg · 78
달러 dollar · 112
닭고기 chicken · 78
담그다, 적시다 dip · 76

담배 cigarette / tobacco · 72
담요 blanket · 54
당황하다 be bewildered · 30
대각선(의) diagonal · 22
대기업 big business · 128
대기자 명단 waiting list · 48
대뇌 cerebrum · 40
대리 전쟁 proxy war · 160
대머리의 bald · 102
대법원 Supreme Court · 162
대변, 배설물 feces · 38
대부 loan · 112
대사 ambassador · 164
대사관 embassy · 50
대성당 cathedral · 148
대영박물관 British Museum · 152
대장 large intestine · 40
대중 신문 mass paper · 150
대책, 방안 measure · 138
대체 에너지 alternative energy · 154
대통령 President · 164
대학 university · 108
대학생 college student · 108
대행 업무 agency work · 130
더러운 dirty · 58
더블 베드 방, 2인용의 double · 56
더운 물 hot water · 58
덜 익힌 rare · 68
데시리터(0.1ℓ) deciliter · 24
데이트하다 have a date · 92
도둑 thief · 158
도로 표지판 street sign · 64
도마질 cut up · 74
도보 여행을 하다 go hiking · 124
도산 bankruptcy · 128
도예 making pottery · 124
도착하다 arrive · 48
독립 independence · 156
독서 reading · 124
독선적인, 멋진 smug · 92
독신남 bachelor · 42
동거하다 shack up with · 92
동맥 artery · 40
동맹 alliance · 160
동업자, 동료 colleague · 134

동전 coin · 112
돼지고기 바비큐 barbecued pork · 82
돼지고기 pork · 78
두꺼운 thick · 22
두려움 dread · 26
두통 headache · 120
둥근 round · 22
뒤틀린 warped · 22
뒷문 back door · 100
드레싱, 소스 dressing · 68
들, 밭, 산지 field · 166
들고 타는 가방 carry on · 52
등기 우편 registered mail · 110
디너쇼 dinner show · 68
디저트(후식) dessert · 70
딸꾹질(하다) hiccup · 38
땀 sweat · 38
땋다(머리를) braid · 114
때때로 now and then · 16
떨다 shiver · 20
뚱뚱한 fat · 102
뜨개질 knitting · 124

ㄹ

럼주 rum · 72
레이저 laser · 154
로션 lotion · 106
룸서비스 room service · 58
르네상스 Renaissance · 156
리무진 limousine · 62
리터(1000cc) liter · 24
리포터(보고자) reporter · 150
립스틱 lipstick · 106

ㅁ

마늘 garlic · 80
마당 yard · 100
마른 lean · 102
마요네즈 mayonnaise · 80
마음껏 먹다 help oneself to ~ · 68
마음이 끌리다 be drawn to · 92
마이크로필름 microfilm · 154
마일(약 1.609km) mile · 24
만 gulf · 166
만족하다 be satisfied · 28

색인

만족한 content · 28
말리다 dry · 96
맑은, 맑게 갠 fair · 18
맛 taste · 74
맛있는 delicious · 68
망치 hammer · 96
매니큐어 manicure · 114
매다 fasten · 54
매력적인 attractive · 102
매우 온화한 quite mild · 20
매운 hot · 80
매점 kiosk · 66
매표소 ticket counter · 62
맥박 pulse · 116
맥주 beer · 72
맹장 appendix · 40
머리 깎기, 다듬기 trim-up · 114
머리 모양 hairdo · 114
머리띠 head band · 114
머리를 감다 shampoo · 106
머리를 자르다 have a haircut · 114
머리치장을 하다 do one's hair · 106
먼지떨이 duster · 96
멀미 airsickness · 54
메뉴, 식단 menu · 68
메스꺼움 nausea · 120
메이저 리그 major league · 146
며느리 daughter-in-law · 14
면도칼, 면도기 razor · 98
면도하다 shave · 86
면세 duty-free · 60
면세점 duty-free shop · 52
면접하다 interview · 50
명문 대학(미국) Ivy league · 108
명백한 evident · 34
모양, 생김새 shape · 22
모욕, 경멸 contempt · 28
모자 hat · 104
모퉁이 corner · 64
모회사 parent company · 128
목 throat · 122
목마른 thirsty · 88
목수 carpenter · 140
목욕탕에 가다 go to the bathroom · 86
목욕하다 take a bath · 86

몸, 신체 body · 38
몹시 놀라다 be astounded · 26
못 nail · 96
못생긴 ugly · 102
무덤 grave · 44
무딘 dull · 22
무릎 knee · 122
무시하다 look down on · 28
무죄(의) innocent · 158
무지개 rainbow · 18
무화과 fig · 82
묶은 머리 ponytail · 114
문명 civilization · 156
뮤지컬 musical · 152
미결의 pending · 136
미네랄워터(광천수) mineral water · 70
미래학 futurology · 156
미술관 art museum · 152
미용사 hairdresser · 114
미용실 beauty shop · 114
미터 meter · 24
미풍 breeze · 18
미학 aesthetics · 152
미혼의, 독신의 single / unmarried · 42
민주주의 democracy · 164

바느질하다 sew · 96
바다 전망의 sea view · 58
바다가재 lobster · 78
바닥, 마루 floor · 100
바람 부는 windy · 18
바지 pants / trousers · 104
바텐더 bartender · 72
반대 objection · 136
반도 peninsula · 166
반도체 semiconductor · 154
반바지 bermuda shorts · 104
반복하여 over and over · 34
반죽하다 knead · 74
발굴 excavation · 156
발기인, 제안자 proposer · 128
발목, 복사뼈 ankle · 122
발톱 손질을 하다 pedicure · 114

밝은 bright 36
밤 night 12
밤색(의) maroon 36
밤에 at night 16
방송 broadcasting 150
방이 다 찬 full 56
방파제(부두) pier 166
방향 direction 166
배 abdomen 122
배달 날짜, 납기 date of delivery 144
배(과일) pear 82
배가 나온 pot-bellied 102
배고픈 hungry 88
배꼽 belly button 38
배꼽 navel 122
배낭 backpack 48
배당 dividend 128
배우자 spouse 42
배우자(짝) partner 92
배편으로 by sea mail 110
백화점 department store 60
버본 위스키 bourbon whiskey 72
버섯 mushroom 78
버스 요금 fare 62
버스 정류장 bus stop 62
버스노선 bus lines 64
버터 butter 88
번개 lightning 18
번역가 translator 142
번호 안내 information 90
번호 통화의 station-to-station 90
번화가 downtown 64
범인 criminal 158
범죄 crime 158
벗기다(과일 등의 껍질을) pare/peel 76
벗다 take off 106
베레모 beret 104
베이지색(의) beige 36
벽난로 fireplace 100
변압기 transformer 58
변하기 쉬운 changeable 20
변호사, 법률가 lawyer 140
병원 hospital 116
보고서 report 136

보기 좋게 생긴 good-looking 102
보너스, 특별수당 bonus 132
보다, 만나다 meet/see 12
보도 sidewalk 64
보라색(의) violet 36
보존식품 preserves 88
보좌관 aide 162
보증금 security deposit 58
보행자 pedestrian 64
복도 hallway 100
복도석 aisle seat 48
복잡한 complicated 34
복통, 위통 stomach-ache 120
본사 main office 134
봄에 in spring 16
봉급 인상 raise 132
봉사료 service charge 58
봉투 envelope 110
편의 제공 서비스(호텔의) amenity 58
부끄러워하다 be ashamed 26
부동산업자 real estate agent 142
부드러운 smooth 32
부분적으로 흐린 partly cloudy 18
부서 department 134
부장 general manager 134
부정직한/정직한 dishonest/honest 94
부지런한 diligent 94
부하 subordinate 134
분노 rage 26
분비액 secretion 40
분위기 atmosphere 68
분홍색(의) pink 36
불 heat 76
불경기 recession 130
불교도 Buddhist 148
불규칙적인 irregular 34
불만 complaint 144
불쌍한 pitiful 28
불에 굽다(고기 따위를) broil 74
불참자 absentee 136
불투명한 opaque 32
불황 depression 130
붕대 bandage 118
브래지어 brassiere 104

색인

브로드웨이 뮤지컬 Broadway Musical · 152
블라우스 blouse · 104
비&비 B&B · 56
비관적인 pessimistic · 94
비김 draw · 146
비누 soap · 106
비닐봉투 plastic bag · 60
비망록, 메모 notes · 136
비번이다 be off duty · 130
비상구 emergency exit · 58
비서 secretary · 130
비싼 expensive / dear · 60
비어 있는 vacant · 54
비의, 비가 오는 rainy · 18
비자 visa · 48
비준 ratification · 160
비참한 miserable · 28
비탄 grief · 26
빈 방 있음 vacancy · 56
빈혈 anemia · 120
빗 comb · 106
빗다(머리를) brush · 106
빗자루(청소도구) broom · 96
빡빡한 tight · 22
빨래 laundry · 96
빵 bread · 76
빻다(바수다) crumble · 76
뼈 bone · 38
뼈가 부러지다 break a bone · 120

사교적인 sociable · 94
사랑에 빠지다 be in love with · 92
사랑에 빠지다 fall in love · 42
사막 desert · 166
사무원 office worker · 140
사무원, 점원 clerk · 140
사법권 jurisdiction · 162
4분의 1 a quarter · 24
사서 librarian · 142
사업 business · 130
사용 중 occupied · 54
사위 son-in-law · 14
사장 president · 134
사제, 신부 priest · 148

사직하다 resign / retire · 132
사진사 photographer · 142
사촌 cousin · 14
사칙 office regulations · 130
4학년생 senior · 108
사회자(의장) chairperson · 136
산맥 mountain range · 166
산부인과 의사 gynecologist · 116
산책하다 go for a walk · 86
살아 있는 alive · 34
살인 murder · 158
살인범 murderer · 158
살찐 plump · 102
삼각형 triangle · 22
3박 4일 three nights four days · 50
3분의 1 a third · 24
3분의 2 two third · 24
3인용의 triple · 56
삼촌, 작은아버지 uncle · 14
3학년생 junior · 108
삽 shovel · 96
상급자 senior / boss · 134
상무, 전무 managing director · 134
상아색(의) ivory · 36
상업 미술가 graphic designer · 142
상원 의원(미국) Senator · 162
상원 the Upper house · 162
상처, 부상 hurt · 120
상하서열 pecking order · 134
상해 injury · 158
새로운 졸업생 new graduate · 130
새벽녘에 at dawn · 16
색 바랜 fade · 36
생강 ginger · 80
생명공학 biotechnology · 154
생방송 live broadcasting · 150
생식 기관 sexual organ · 40
샤워 시설이 딸린 with shower · 56
샤워하다 take a shower · 86
샤프론 saffron · 80
샴페인 champagne · 70
서늘한 cool · 20
서리 frost · 20
서명(하다) sign · 144
서예 calligraphy · 124

석쇠로 굽다(고기 따위를) grill · 74
섞다 mix · 74
선교사 missionary · 148
선로 track · 66
선물 gift · 60
선반 shelf · 66
선사 시대 prehistoric · 156
선수 player · 146
선수, 경기자 athlete · 146
선실 cabin · 66
선진국 developed countries · 160
선택하다 choose / pick out · 60
선풍기 electric fan · 98
설립 establishment · 128
설사 diarrhea · 120
설탕 sugar · 80
섬 island · 166
섭씨, 섭씨의 centigrade · 20
섭씨의 celsius · 20
성격 character · 94
성인 adult · 42
성직자 clergyman · 148
세계화 globalism · 160
세관 customs · 52
세례 baptism · 42
세례를 받다 be baptized · 148
세탁 서비스 laundry service · 58
세탁기 washing machine · 98
센서(감지기) sensor · 154
센티미터 centimeter · 24
셰리(스페인산 백포도주) sherry · 70
소금 salt · 80
소매치기 pickpocket · 158
소변 urine · 38
소스 sauce · 80
소심한 timid · 94
소아과 의사 pediatrician · 116
소인(우체국) postmark · 110
소장(내장 기관) small intestine · 40
소포 parcel · 110
소화제 digestive · 118
속(과일의) core · 76
속달 special delivery · 110
속달로 by express · 110
속옷 underwear · 104
손녀 granddaughter · 14

손실 loss · 144
손자 grandson · 14
손전등 flashlight · 98
손톱을 깎다 trim one's nails · 106
송곳 gimlet · 96
송금하다 remit · 112
쇄골 collarbone · 122
쇠고기 스튜 beef stew · 82
쇠고기 beef · 78
쇼핑하러 가다 go shopping · 60
수건 towel · 106
수로 channel · 166
수박 watermelon · 82
수상 prime minister · 164
수수료 fee · 50
수술 operation · 116
수신자 부담 통화 collect call · 90
수의사 veterinarian · 140
수입하다 import · 144
수정안 amendment · 136
수집 collection · 124
수출하다 export · 144
수치 shame · 26
수표 check · 112
수하물 찾는 곳 baggage claim · 52
수하물 함 baggage compartment · 54
숙박 카드 registration card · 58
순수한(물 타지 않은) neat · 72
순환기의 circulatory · 40
술 마시러 가다 go drinking · 72
술고래 heavy drinker · 72
술에 약한 사람 light drinker · 72
술집 bar · 72
술집 pub · 72
숨 막히게 무더운 sultry · 20
숫자 표시 방식의 digital · 154
숭배하다 admire · 28
숲 forest · 166
슈크림 cream puff · 82
스웨터 sweater · 104
스위치를 끄다 switch off · 98
스위치를 켜다 switch on · 98
스타디움(경기장) stadium · 146
스폰서, 후원자 sponsor · 150
슬픔 sorrow · 26

색인

습도 humidity · 18
습도가 높은 humid · 20
승마 horse riding · 124
승무원 flight attendant · 54
승진 promotion · 132
시간 강사 part-time lecturer · 142
시간표 timetable · 52
시끄러운 noisy · 34
시내전화 local call · 90
시디 compact disk · 98
시샘 jealousy · 26
시장 market · 60
시저 샐러드 Caesar salad · 82
시차 피로 jet lag · 54
시청률 rating · 150
시트, 홑이불 sheet · 58
시트를 바꾸다 change sheets · 96
시합, 만남 encounter · 92
시험적인 tentative · 138
식기 한 벌 setting · 70
식기세척기 dishwasher · 98
식당 dining room · 100
식당 restaurant · 70
식당차 dining car · 66
식료품 주인(잡화점 주인) grocer · 140
식민지 colony · 156
식사 사이 between meals · 118
식사 전의 술 aperitif · 70
식사 제한(하다) diet · 70
식사 meal · 88
식사를 준비하다 prepare meal · 88
식용 색소 food color · 88
식욕을 돋우는 음식(술) appetizer · 70
식전 before the meal · 118
식초 vinegar · 80
식탁 예절 table manners · 70
식탁을 치우다 clear the table · 88
식후 after the meal · 118
식히다, 냉각시키다 chill · 76
신(종교) god · 148
신(맛) sour · 80
신경 nerve · 40
신고하다 declare · 52
신랑 bridegroom · 44
신뢰 trust · 30
신문을 읽다 read a newspaper · 86

신부 bride · 44
신선하지 않은 stale · 32
신선한 fresh · 32
신앙심 belief · 148
신약성서 New Testament · 148
신용장 credential(letter of credit) · 144
신용카드 credit card · 60
신장 / 몸무게 height / weight · 102
신장(내장기관) kidney · 40
신호 signal · 64
신혼부부 newlyweds · 42
신혼여행 honeymoon · 44
실례합니다. Excuse me. · 12
실연해서 마음 아프다 broken-hearted · 92
실직하다 lose one's job · 132
심부름 errand · 86
심장 heart · 38
싱글 베드룸, 혼자의 single · 56
싱크대 구멍 sink · 100
쌀 rice · 78
썩은 rotten · 32
쓴 bitter · 80
쓸개 gall bladder · 40

아기 baby · 42
아나운서 announcer · 150
아내 wife · 14
아늑한, 아담한 cozy · 68
아래층 downstairs · 100
아름다운 beautiful · 34
아보카도 avocado · 82
아첨하다 flatter · 30
아침 겸 점심 brunch · 88
아침 morning · 12
아침에 in the morning · 16
아침을 먹다 have breakfast · 86
악의, 적의 grudge · 26
악천후 bad weather · 48
악취가 나는 smelly / stinky · 32
안개 fog · 18
안과의사 eye doctor · 116
안내자 guide · 56
안녕(만날 때) hello / hi · 12

안녕(헤어질 때) bye · 12
안전벨트 seat-belt · 54
안전한 safe · 32
알레르기 allergy · 116
알약 pill · 118
암살하다 assassinate · 158
앙트레(주요리) entree · 68
액정 liquid crystal · 154
야드(약 91.4cm) yard · 24
야채수프 vegetable soup · 82
약 medicine / drug · 118
약국, 제약학 pharmacy · 118
약사 pharmacist · 142
약혼 engagement · 42
약혼녀(여) fiancee · 44
약혼자(남) fiance · 44
얇은 thin · 22
양 (고기) lamb · 78
양고기 mutton · 78
양념 season · 74
양말 socks · 104
얕은 shallow · 32
어깨뼈, 견갑골 shoulder blade · 122
어둠침침한 somber · 36
어리둥절해하다 be puzzled · 30
어리벙벙하다 be stunned · 26
어리석은 stupid · 94
어부 fisherman · 140
언 be frozen · 20
얼굴 마사지 facial massage · 114
얼음 위에 부은 on the rocks · 72
엄격한 strict · 94
에어로빅 aerobics · 146
에어컨 air conditioner · 98
A를 B로 바꾸다 change A into B · 112
A를 B와 환전하다 exchange A for B · 112
에이커(약 4047㎡) acre · 24
엔지니어, 기술자 engineer · 140
여권 passport · 48
여름에 in summer · 16
여자노인 elderly woman · 44
여자친구 girlfriend · 42
여제, 황후 empress · 164
여행 스케줄 itinerary · 50

여행 traveling · 124
여행사 travel agency · 50
여행자 보험 travel insurance · 48
여행책 guide book · 50
역사 history · 156
역원 station officer · 142
역장 station master · 142
연 수입 annual income · 132
연고 ointment · 118
연구원 research fellow · 142
연극 play · 152
연금 pension · 130
연기하다 put off · 136
연락선 ferry · 66
연못 pond · 166
연속적으로 continuously · 34
연장전 extended game · 146
연장하다 extend · 50
연착하다 delay · 52
연하게 하다 soften · 76
열이 있는 feel feverish · 120
열정적인 passionate · 28
열차 train · 62
염려 anxiety · 26
염색 dye · 114
엽서 postcard · 110
영공 national airspace · 160
영상 스캐너 image scanner · 154
영상 통화 video conferencing · 154
영상, 화상 image · 150
영수증 receipt · 58
영양 nourishment · 74
영토 territory · 160
영하 below zero · 20
영해 territorial sea · 160
영화 팬 moviegoer · 124
영화 movie / film · 152
옅은 light · 36
옆구리 flank · 122
예금통장 bankbook · 112
예금하다(보증금을 치르다) deposit · 112
예수 그리스도 Jesus Christ · 148
예술 art · 152
예술제 art festival · 152
예약하다 book · 48

색인

예약하다 reservation · 50
오락 amusement · 124
오렌지색(의) orange · 36
오렌지잼 marmalade · 88
오믈렛 omelet · 82
오이 cucumber · 78
O자형으로 휜 bow-legged · 102
오전 a.m. · 16
오징어 squid · 78
오케스트라 orchestra · 152
오토바이 motorbike · 62
오페라 opera · 152
오후 afternoon · 12
오후 p.m. · 16
오후에 in the afternoon · 16
오후의 차(다과회) afternoon tea · 88
온도계 thermometer · 18
온스(약 38.35g) ounce · 24
옷, 옷을 입다 dress · 106
완벽한 상대(결혼) perfect match · 92
완행열차 local train · 66
왕국 kingdom · 164
왕궁 palace · 50
왕복표 round-trip ticket · 48
외과의사 surgeon · 116
외교 diplomacy · 160
요금 rate · 58
요리 도구(솥, 냄비 등) cooker · 76
요리 cooking · 74
요리사 cook · 140
요리책 cookbook · 74
욕실 bathroom · 100
욕실이 딸린 with bath · 56
용감한 brave · 94
용의자 suspect · 158
우박, 싸락눈 hail · 18
우승자 champion · 146
우울한 gloomy · 94
우주 왕복선 space shuttle · 154
우체국 post office · 110
우편 번호 zip code · 110
우편 요금 postage · 110
우편 mail · 110
우편집배원 postman · 110
우편함 mailbox · 110
우편환 money order · 110

우표 stamp · 110
운전하다 drive · 62
울다 weep · 30
움직이지 마! Halt! · 158
원시 시대(의), 원시인 primitive · 156
원안 draft plan · 136
원형 circle · 22
월급 salary · 132
웨이터 waiter · 70
위 stomach · 38
위스키 whiskey · 72
위원회 committee · 162
위층 upstairs · 100
위험한 dangerous · 32
위험한 risky · 138
유괴하다 kidnap · 158
유년기 childhood · 42
유료도로 toll road · 64
유머 humor · 30
유아 infant · 42
유연한 flexible · 94
유적지 historic sites · 50
유적 ruins · 156
유전자 지도 genetic map · 154
유제품 dairy products · 88
유죄(의) guilty · 158
유치원 kindergarten · 108
유행성 감기, 독감 flu · 120
유화로 그리다 paint in oils · 124
육체 노동 manual labor · 130
윤곽, 조망, 전망 outlook · 138
으스스하다 have a chill · 120
은색(의) silver · 36
은행 카드 bank card · 112
은행 bank · 112
은행원 teller · 112
음료 drink · 68
음료수 beverage · 70
음악 감상 listening to music · 124
음악회 concert · 152
응원하다 cheer · 146
의견을 제출하다 give one's opinion · 138
의뢰인, 단골손님 client · 144
의무 교육 compulsory education · 108

의붓어머니 stepmother · 14
의사분 minutes · 136
의심(하다) suspect · 30
의심(의문으로) doubt · 30
의젯 agenda · 136
의회(미국) congress · 162
이 teeth · 122
이기다 win · 146
이기적인 selfish · 94
이를 take off · 54
이를 닦다 brush one's teeth · 86
이마 forehead · 122
이발기계 clippers · 114
이발사 barber · 142
이발소 barbershop · 114
이번 주말에 this weekend · 16
2층의 1 a half · 24
이비인후과의사 ENT doctor · 116
이슬람교도(의) Muslim · 148
이익 profit · 144
이익률 profit ration · 138
이자 interest · 112
이중주차 double parking · 62
2학년생 sophomore · 108
이혼 divorce · 44
인공 유전자 artificial gene · 154
인공위성 satellite · 154
인기 popularity · 150
인도, 배달 delivery · 144
인사 greeting · 12
인치(약 2.54cm) inch · 24
인터뷰(하다) interview · 150
일등석 first class · 50
일반석 economy class · 50
일어나다 get up · 86
1층 first floor(영국 ground floor) · 100
일용품의 dish · 74
1학년생 freshman · 108
1회 복용량 dose · 118
임신한 pregnant · 44
입구 entrance · 66
입국사자 immigration · 52
입국카드 disembarkation card · 54
입다(옷 등을) put on / wear · 106
입법 기관 legislature · 162

입법 legislation · 162
입원하다 go to the hospital · 116
입학 시험 entrance exam · 108

자금 fund · 128
자동응답기 answering machine · 90
자만(하다) conceit · 30
자본 capital · 128
자손 descendant · 44
자수, 수놓기 embroidery · 124
자유 liberty · 164
자전거 타기 cycling · 124
자전거 bicycle · 62
자주 frequently · 34
자취하다 cook for oneself · 88
자판기 vending machine · 66
잔돈 change · 60
잔디 grass · 100
잘 익힌 well-done · 68
잘 차려 입고 dress up · 106
잘못 fault · 12
잘생긴 handsome · 102
잠깐 들르다 stop over · 66
잠자리에 들다 go to bed · 86
잠정적인 provisional · 138
잡아라! Catch him! · 158
잡지 magazine · 150
장 bowels · 38
장거리전화 long-distance call · 90
장관 minister · 164
장관(미국) secretary · 162
장례식 funeral · 44
장모, 시어머니 mother-in-law · 14
장미(의) rose · 36
장식하다 decorate · 96
장인, 시아버지 father-in-law · 14
재채기(하다) sneeze · 38
재킷 jacket · 104
재판, 사법 justice · 164
저녁 식사를 하다 have supper · 86
저녁 evening · 12
저녁, 저녁 supper / dinner · 88

색인

저녁에 in the evening · 16
저미다, 썰다 chop · 74
적령기의 marriageable · 42
적자 red ink · 130
전공하다 major in · 108
전근 transfer · 132
전기공 electrician · 140
전기담요 electric blanket · 98
전략 strategy · 138
전문 요리 specialty · 70
전문직 specialist work · 130
전보 telegram(telegraph) · 110
전술 tactics · 138
전시회 exhibition · 152
전임강사 full-time lecturer · 142
전자레인지 microwave oven · 98
전쟁 war · 156
전직하다 get another job · 132
전화 교환원 operator · 142
전화를 걸다 dial · 90
전화번호부 phone book · 90
절도 theft · 158
절망 despair · 28
절망적인 desperate · 28
젊음, 청년 youth · 42
점심을 들다 have lunch · 86
접수대, 프런트 front desk · 56
접수원 응접계원 receptionist · 130
정가 fixed price · 60
정강이 shank · 122
정기예금 time deposit · 112
정년 retirement age · 44
정당 정치가 politician · 162
정당 political party · 162
정맥 vein · 40
정부 government · 162
정사각형 square · 22
정상 top · 166
정상회담 summit talks · 160
정수리 crown · 122
정신 노동 brainwork · 130
정오에 at noon · 16
정육업자, 도살업자 butcher · 140
정장 suit · 104
정장용 와이셔츠 dress shirt · 104
정점, 꼭대기 apex · 22

정제 tablet · 118
정치 politics · 162
정치가 statesman · 162
젖은, 습한 wet · 32
제1차 세계대전 World War Ⅰ · 156
제빵사 baker · 140
제안 proposition · 136
제출하다 hand in · 50
조각 sculpture · 152
조개 shellfish · 78
조건 term · 138
조국(모국) mother country · 164
조리법 recipe · 74
조미료, 양념 seasoning · 80
조부모 grandparents · 14
조약 treaty · 160
조용한 quiet · 34
조인 signature · 160
조종사 pilot · 54
조카 nephew · 14
존경하다 respect · 28
졸아들다 boil down · 76
졸업 논문 graduation thesis · 108
좀처럼 ~하지 않다 rarely · 34
좁은 길, 뒷골목 alley · 64
좁은 narrow · 32
종교 religion · 148
종아리 calf · 122
종업원 employee · 128
종합계획 master plan · 136
좋아하는 형(타입) one's type · 92
좋아하다 be fond of · 28
좋아하다 care for · 28
좋은 fine · 12
좋은 good · 12
좌석을 예약하다 reserve · 70
좌약 suppository · 118
죄송하다 sorry · 12
주 요리 main dish · 68
주거 지역 residential area · 64
주권 sovereignty · 160
주문하다 order · 70
주부 housewife · 96
주사(1회용) shot · 116
주사위 모양으로 썰다 dice · 74
주식 stock · 128

주유소 gas station · 62
주의를 집중하다 concentrate 30
주저하다 hesitate · 30
주주 stockholder · 128
주차하다, 주차장 park · 62
주홍색(의) scarlet · 36
죽은 dead · 34
죽음 death · 44
중·고등학교 middle(high) school · 108
중간 정도로 보통의 medium · 68
중계방송 relay · 150
중량 weight · 110
중세(의) medieval · 156
중앙가 central streets · 64
중앙도로 main street · 64
중역(이사) director · 128
중역회의 board meeting · 136
중탕하다 double-boil · 76
쥐구멍 cheerful · 94
증오하다 hate · 28
지각하다 be late for · 132
지나가는 소나기 passing shower · 18
지다 lose · 146
지갑 통화의 person-to-person · 90
지급 payment · 144
지방 정부 local government · 164
지방 분쟁 regional conflict · 160
지사 branch · 134
지옥 heli · 148
지역 시간 the local time · 52
지정학 geopolitics · 160
지적인 intelligent · 94
지폐 bill · 112
지하실 basement · 100
지하철 subway · 62
지휘자 conductor · 152
직사각형 rectangle · 22
직속 상사 immediate senior · 134
직업 occupation · 140
직접의 direct · 34
직함 title · 134
직항 direct flight · 50
진(술) gin · 72

진(바지) jeans · 104
진공청소기 vacuum cleaner · 98
진료소 clinic · 116
진료 consultation · 116
진통제 painkiller · 118
진한 커피 strong coffee · 88
진해제 cough drop · 118
질녀, 조카딸 niece · 14
질병 disease · 120
질투하다 envy · 26
집으로 가다 go home · 86
짙은, 아주 dark · 36
짜내다(과즙 등을) crush · 76
짠 salty · 80
찌다, 김을 쐬다 steam · 76

ㅊ
차가운, 으스스한 chilly · 20
차에 타다 get on · 86
차에서 내리다 get off · 86
차장 conductor · 66
착륙 landing · 54
찰과상 scratch · 120
참고 자료 reference data · 136
참새우 prawn · 78
창가의 window seat · 48
채소 vegetable · 78
채식주의(자) vegetarian · 70
처방전 prescription · 118
천국 heaven · 148
천둥 thunder · 18
천박한 vulgar · 94
천장 ceiling · 100
철도 railroad · 66
첨단기술 high technology · 154
첫사랑 first love · 42
청구하다 charge · 58
청소 cleaning · 96
청소년기 adolescence · 42
청소하다 make up / clean · 58
청소하다 sweep · 96
청소하다(진공 청소기로) vacuum · 96
체류하다 stay · 50
체스 chess · 124
체온 temperature · 116
체육관 gymnasium(gym) · 146

색인

체포(하다) arrest · 158
초과 excess · 110
초기 단계 initial stage · 138
초등학교 elementary school · 108
최고 경영자 CEO · 134
추가 침대 extra bed · 56
추한 ugly · 34
출근하다 go to work · 132
출발하다 depart · 48
출산하다 give birth · 44
출석자 attendance · 136
출장 business trip · 132
출판(발행)하다 publish · 150
출판사 publisher · 150
춤 dance · 124
충분히 먹다 have enough · 88
취미 hobby · 124
취재하다 cover · 150
취직하다 get a job · 132
취하다 get drunk · 72
치과 의사 dentist · 140
치료 cure · 116
치료, 처치 treatment · 116
치마 skirt · 104
치약 toothpaste · 106
치즈 cheese · 78
치통 toothache · 120
친척 relative · 14
칠면조 바비큐 barbecued turkey · 82
칠면조 turkey · 78
침 saliva · 38
침대차 sleeping car · 66
침실 bedroom · 100
칫솔 toothbrush · 106

카드 놀이 playing cards · 124
칵테일 cocktail · 72
칼로리 calorie · 74
캡슐 capsule · 118
커피 메이커 coffee maker · 98
커피(크림, 설탕을 넣지 않은) black coffee · 88
케첩 ketchup · 80
코냑 cognac · 72
코를 곯다, 코를 골다 snore · 38

콘센트, 직판점 outlet · 98
콧수염 moustache · 106
콩 bean · 78
킬로그램 kilogram · 24

타당한, 적당한 reasonable · 60
타원형의 oval · 22
탄생 birth · 42
탈 것, 수송 수단 vehicle · 62
탑승 수속 카운터 check-in counter · 52
탑승객 passenger · 54
탑승권 boarding pass · 52
탑승하다 aboard · 54
탑승하다 check in · 52
태도를 분명히 하다 commit oneself · 92
태양 전지 solar cell · 154
태우다, 그을리다 sear · 76
태울 듯이 뜨거운 scorching hot · 20
태풍 typhoon · 20
택시 운전기사 cab driver · 62
택시 운전기사 taxi driver · 142
택시 taxi / cab · 62
턱 jaw · 122
턱수염 beard · 106
턱시도 tuxedo · 104
텔레비전 television · 98
토너먼트 tournament · 146
톨게이트 toll gate · 64
톱질하다 saw · 96
통근권 commuting area · 130
통로, 길 lane · 64
통역자 interpreter · 140
통증 pain · 120
통화 중입니다. Line is busy. · 90
퇴근하다 leave the office · 132
퇴원하다 leave the hospital · 116
투명한 transparent · 32
투숙하다 check in · 56
투표권 voting right · 164
튀기다 fry · 74
튀긴 조개 fried clam · 82
트림(하다) belch · 38
트윈 베드룸 twin · 56

특산품 local product · 50
튼튼한 stout · 102
틀린 번호 wrong number · 90

파운드(약 453g) pound · 24
파인트(약 0.47ℓ) pint · 24
판매 sale · 144
판매인 salesman · 144
판사 judge · 164
팔꿈치 elbow · 122
팬케이크 pancake · 82
팬티 panties · 104
팬티스타킹 pantyhose · 104
퍼머하다 perm · 114
펑크 난 타이어 flat tire · 62
편도표 one-way ticket · 48
평가 evaluation · 138
평가, 예측 estimation · 138
평론가 critic · 140
평범한 외모의 average-looking · 102
평사원 common clerk · 128
평정을 유지하다 keep one's temper · 30
평평한 even / flat · 22
평행선 parallel line · 22
평화 조약 peace treaty · 156
폐 lungs · 38
포도 grape · 82
포도주 wine · 72
포장 봉지 doggie bag · 68
포장하다 wrap · 60
폭풍 storm · 18
폭행 violence · 158
품질 quality · 60
퓨레(야채, 고기의 진한 수프) puree · 76
퓨즈 fuse · 98
프라이팬 frying pan · 74
프레젠테이션 presentation · 144
플랫폼, 승차대 platform · 66
피 blood · 38
피가 나다 bleed · 120
피로 fatigue · 120
피부 skin · 38

피트(약 30.5cm) foot / feet(복수) · 24
필래프 pilaf · 82

하급자 junior · 134
하선하다 disembark · 66
하원 의원(미국) Representative · 162
하원 the Lower house · 162
하이볼, 위스키 소다 whiskey and soda · 72
하제(설사약) laxative · 118
하품(하다) yawn · 38
학년 grade · 108
한 사람과만 사귀다 go steady with · 92
한 학기 semester · 108
한 회 inning · 146
한밤중에 at midnight · 16
한약 herb medicine · 118
한턱 my treat · 68
할머니 grandmother · 14
할아버지 grandfather · 14
할인(하다) discount · 60
합법적인 legal · 34
합병 merger · 128
합성의, 인공의 synthetic · 154
항공권 airline ticket · 48
항공편으로 by airmail · 110
항구 harbor / port · 66
항생물질 antibiotic · 118
항의하다 complain · 58
해 뜰 무렵에 at sunrise · 16
해고당하다 be fired · 132
해산물 요리 sea food · 70
해안 shore · 166
해외 여행 overseas travel · 56
해질 무렵에 at dusk · 16
해질녘에 at sunset · 16
해협 strait · 166
핵무기 nuclear weapon · 156
햄버거 hamburger · 82
행운 luck · 12
행정 administration · 162
향수(감정) nostalgia · 30
향수 perfume · 106

색인

향신료 spice · 80
향토 음식 native local foods · 70
허약한 weak · 102
헤어지다 break up · 92
헤어지다(이별하다) split up · 92
헥타르(10,000㎡) hectare · 24
헹구어 내다 rinse · 114
현관 front · 100
현금 cash · 112
현금으로 내다 cash · 60
현기증 나다 get dizzy · 120
현대 present age · 156
현재 상황 present situation · 138
현재, 지금 at the moment · 16
혈관 blood vessel · 40
혈압 blood pressure · 116
혈족, 육친 blood relation · 14
혐오 dislike · 28
협정 accord · 160
형상기억합금 shape memory alloy · 154
호박색(의) amber · 36
호스텔 hostel · 56
호우, 폭우 downpour · 18
호텔 방을 비우다 check out · 56
호텔 hotel · 56
호텔의 큰 방 suite · 56
호환성 compatibility · 154
호황 prosperity · 130
호흡기의 respiratory · 40
혼란스러워하다 be confused · 30
홀딱 빠지다 be crazy about · 92
홀리다 be enchanted by · 92
홀아비 widower · 44
홍수 flood · 20
화 anger · 26
화랑 gallery · 152
화려한 showy · 36
화려한, 훌륭한 gorgeous · 68
화산 volcano · 166
화상 burn · 120
화씨 Fahrenheit · 20
화장실 lavatory · 54
화장품 cosmetics · 106
화장하다 put on make up · 86
화폐교환기 money changer · 62

화해하다 patch up with · 92
확인 confirmation · 52
확인하다 confirm · 48
환불하다 refund · 66
환영하다 welcome · 12
환율 exchange rate · 112
환자 patient · 116
환전 money exchange · 48
환전(하다) exchange · 112
황금색(의) gold · 36
황제 emperor · 164
회사 company · 128
회색(의) gray · 36
회의 conference · 136
회의 meeting · 132
회장 chairman · 134
횡단보도 crosswalk · 64
효과적인 effective · 138
후추 pepper · 80
훈련 training · 146
휘저어 섞다(달걀 등) beat · 76
휴가 day off · 132
휴가 vacation · 48
휴식 시간 coffee break · 88
휴식을 취하다 rest · 86
휴일에 출근하다 attend on a holiday · 132
휴회하다(연기하다) adjourn · 136
흐느끼다 sob · 30
흑자 surplus · 130
흔히 usually · 34
흠모하다 adore · 28
흡연 구역 smoking section · 52
흥정하다 bargain · 60